ZSOLNAY

Margarete von Navarra

Erotische Novellen aus dem Heptameron

ZSOLNAY

Das Bild auf der Rückseite der Kassette zeigt das Gemälde
„Ruhendes Mädchen" von François Boucher (1703–1770)
© Archiv für Kunst und Geschichte, Berlin

© dieser Ausgabe
1992 by Verlagsunion Erich Pabel-Arthur Moewig KG, Rastatt
Alle Rechte vorbehalten
Dieses Buch erscheint bei Zsolnay mit freundlicher Genehmigung
der Verlagsunion Erich Pabel-Arthur Moewig KG, Rastatt
Herausgeber: Guido Heel
Umschlagentwurf und -gestaltung: Thomas Steinkämper, Münster
Druck und Bindung: Elsnerdruck, Berlin
Printed in Germany 1992
ISBN 3-552-04440-X (10er-Kassette)

Inhalt

Der ahnungslose Betrüger	7
Verkleidung bringt Erfolg	15
Mut schürt das Feuer	23
Zweifache Liebesprobe	29
Der einfallsreiche Liebhaber	35
Die Hochzeit des Mönchs	41
Wie man Liebesglut kühlt	47
Die lüsterne Heuchlerin	55
Der Männerharem	63
Vernachlässigung rächt sich	71
Die Geliebte des Domherrn	85
Unerfüllte Leidenschaft	91
Das Schicksal schlägt zu	103
Die Rache einer verschmähten Frau	111

Der ahnungslose Betrüger

Oft habe ich mir gewünscht, Schicksalsgenosse desjenigen gewesen zu sein, dessen Geschichte ich erzählen will. Sie trug sich in Neapel zur Zeit des Königs Alfons zu, dessen wüste Lebensweise in seinem Königreich das Szepter führte. Dort lebte ein durch Geburt, Schönheit und Liebenswürdigkeit hochstehender Edelmann, dem ein Graf seine Tochter, die dem erwählten Gatten in nichts nachstand, zur Frau gab.

Der Einklang zwischen den beiden jungen Eheleuten war vollständig — bis zu einem Karnevalstag, an dem der König, wie dies üblich war, maskiert in die meisten Häuser seines Adels ging. Selbstverständlich bereitete ihm jeder der so ausgezeichneten Edelleute den besten Empfang.

Als er in das Haus des erwähnten Grafenpaares kam, wurde er noch festlicher empfangen als in den anderen Häusern. Die köstlichsten Gerichte, Musik und Gesang, nichts fehlte, und die Frau des Hauses, die schönste, die er je gesehen hatte, bemühte sich, ihn zu unterhalten. Im Verlauf des Abends sang sie ein Lied mit ihrem Gatten, wobei ihre Anmut noch strahlender hervortrat.

Als der König so viele Reize in einer Frau vereinigt sah, empfand er den schönen, harmonischen Zusammenklang des jungen Paares nicht etwa mit Wohlgefallen, sondern es kam dem Wüstling sofort die Idee, das innige Verhältnis des jungen Paares zu zerstören. Die Schwierigkeit bestand jedoch in dessen beiderseitiger Zuneigung und Harmonie.

Er verbarg vorerst seine Leidenschaft in seinem Herzen; um jedoch die Ausführung seines Planes vorzubereiten und seine Liebeswehen zu lindern, gab er seinerseits seinem Adel ein Fest, zu welchem er selbstverständlich auch das gräfliche Paar einlud.

Da der Mensch gern glaubt, was er wünscht, schien es ihm, daß die Augen der Gräfin zuweilen vielversprechend auf ihn gerichtet waren und nur die Anwesenheit ihres Gatten das einzige Hindernis zur Gewährung ihrer Gunst war. Um sich Gewißheit zu verschaffen, gab er dem Grafen eine Mission, nach Rom zu reisen, die ihn nahezu drei Wochen von Neapel fernhalten sollte.

Als der Graf die Stadt verlassen hatte, verfiel seine Frau in die traurigste Stimmung, die der König durch seine oft wiederholten Besuche zu bannen suchte. Die anfangs Untröstliche wurde bald durch den liebevollen Trost, Gunstbezeugungen und Geschenke des Königs getröstet und war nach kurzer Zeit sogar von der Abwesenheit des Gatten so befriedigt, daß sie noch vor Ablauf der drei Wochen, welche die Abwesenheit des Grafen dauern sollte, so verliebt in den König war, daß sie nunmehr die Rückkehr des Gatten ebenso bedauerte, wie vordem dessen Abreise.

Um die ihr teure Gegenwart des Königs nicht zu verlieren, versprach sie ihm, wenn ihr Gatte sich auf seine Güter begeben sollte, wie dies oft geschah, ihn zu benachrichtigen, damit er sie heimlich besuchen könne, ohne daß der Gatte, dessen heißes Blut sie fürchtete, stören könne.

Diese Hoffnung machte sie so glücklich, daß sie ihren Mann bei dessen Rückkunft aufs zärtlichste empfing, so daß er den Gerüchten, die über die Beziehungen des Königs zu seiner Frau bereits im Umlauf waren und ihm von guten Freunden sofort mitgeteilt wurden, keinen Glauben schenkte.

Doch im Verlauf einiger Wochen, während der seine Frau ihre Leidenschaft nicht gut genug zu verbergen verstand, begriff der Gatte und konnte an der traurigen Wahrheit nicht mehr zweifeln. Er paßte gut auf und war bald seines bedauernswerten Loses sicher. Doch da er, wenn er sich rührte, vom König noch Schlimmeres als den Raub seiner Ehre zu gewärtigen hatte, entschloß er sich zur Verstellung; denn er zog vor, Hörner zu tragen, als sein Leben für eine Frau, die ihn verriet, in die Schanze zu schlagen.

Er faßte eine vortreffliche Idee. Er wollte dem König womöglich die gleiche Schmach antun; im Wissen, daß die Leidenschaft das liebesleere Herz einer Frau, sei sie auch Königin, erfaßt, ging er daran, seinen Plan auszuführen, und hatte eines Tages, als er bei Hof war, die Kühnheit, der Königin zu sagen, daß es ihn schmerzte, zu sehen, wie wenig Liebe der König für sie habe.

Die Königin, die das Verhältnis des Königs zur Gräfin kannte, entgegnete ihm mit Würde:

„Ich kann nicht zugleich Ehre und Genuß haben; ich weiß wohl, daß ich die Ehre und eine andere den Genuß hat; aber dafür hat die andere auch nicht die Ehre, die ich habe."

Der Graf verstand diese Anspielung und antwortete:

„Madame, die Ehre ist Euch angeboren, denn Ihr seid aus so vornehmem Haus, daß Euer Adel durch nichts erhöht werden kann; doch Eure Schönheit und Anmut verdienen so sehr die Freuden der Liebe, daß derjenige, der sie Euch raubt, mehr sich selbst als Euch schadet; der Ruhm, den er Euch durch die Euch gebührende Huldigung entzieht, gereicht ihm zur Schande. Ich wage es Euch zu sagen, Madame, daß, wenn der König seine Krone nicht hätte, er nichts vor mir voraus haben würde, eine Frau zu beglücken; ich gehe noch weiter und behaupte, daß er mir gleichen müßte, um eine Frau, wie Ihr es seid, wahrhaft glücklich zu machen."

Die Königin entgegnete hierauf errötend:

„Mag auch der König von schwächerer Gestalt sein als Ihr, befriedigt mich doch die Liebe, die er mir schenkt, so sehr, daß ich sie allem andern vorziehe!"

„Meine Königin", erwiderte darauf der Edelmann, „wenn dem so wäre, würdet Ihr mir nicht tiefes Mitleid einflößen; ich weiß wohl, daß die reine Liebe Eurem Herzen genügen würde, wenn sie gleiche Gefühle beim König fände. Doch die Vorsehung hat Euch entschädigt, indem sie Euch gestattet, ihn zu lieben, obwohl er Euch nicht gibt, worauf Ihr volles Recht habt."

„Aber ich gestehe Euch", entgegnete die Königin, „daß die Liebe, die ich für ihn fühle, in keinem anderen Herzen erreicht werden kann."

„Verzeiht, Madame", antwortete der Graf, „dann habt

Ihr die Liebe nicht bis in ihre tiefsten Tiefen kennengelernt; ich wage zu gestehen, daß Euch ein Mann verehrt, dessen Liebe sich mit der Euren zum König wohl messen kann; wenn er sieht, daß Eure Liebe zum König noch in Euch wurzelt, so wächst die seine so, daß, wenn Ihr ihn erhören wolltet, er Euch für alle verlorenen Freuden entschädigen würde."

Die Königin begann aus seinen Worten und seiner Haltung zu sehen, daß alles, was er sagte, aus tiefstem Herzen kam. Eigentlich hatte er sich schon lange bemüht, sich ihr zu nähern, und war deshalb ganz schwermütig geworden.

Anfangs hatte die Königin geglaubt, daß es wegen seiner Frau sei, jetzt aber gewann sie die Überzeugung, daß es aus Liebe zu ihr sei. Die Innigkeit seiner Gefühle, die sie wohl herausfühlte, gab ihr die Gewißheit seiner Liebe, die er vor der Welt zu verbergen wußte. Als sie ihn so ansah, der um vieles schöner und anmutiger war als der König, und sich sagte, daß er von seiner Frau verraten war, wie sie selbst vom König, und sich von der Untreue ihres Gatten und von Eifersucht aufgestachelt fühlte, aber auch gerührt von der Liebe des Edelmannes, murmelte sie mit Tränen in den Augen:

„Mein Gott, soll der Durst nach Rache das vollbringen, was Liebe nicht erreichen konnte?"

Der Edelmann, dem dieses Selbstgespräch nicht entgangen war, sagte darauf:

„Madame, es ist süß, sich zu rächen, und statt den Feind zu töten, den wahren Freund glücklich zu machen. Es ist Zeit, daß Ihr die Erkenntnis der törichten Liebe für den, der Euch nicht mehr liebt, aus Eurem Herzen reißt, und die wahre Liebe Euch die Furcht nimmt, die in einem großen und tugendhaften Herzen keinen Platz finden soll. Wohlan denn, Königin, legen wir Euren hohen Rang zur Seite und fassen wir ins Auge, daß wir beide von den Menschen, die wir auf der Welt am meisten liebten, aufs unwürdigste betrogen und verraten worden sind. Rächen wir uns, Madame;

nicht um den beiden, die uns verrieten, Gleiches mit Gleichem zu vergelten, sondern um uns zu lieben; denn ich kann meine Qual nicht länger so ertragen — ich müßte sterben. Überdies halte ich es, wenn Ihr kein Herz von Stein habt, für unmöglich, daß Ihr nicht den glühenden Funken vom Feuer fühlt, das in mir verzehrend wächst, obwohl oder gerade deshalb, weil ich mir Gewalt antue, es zu verbergen; und wenn das Mitleid mit mir, der vor Liebe zu Euch stirbt, Euch nicht dazu drängt, mir Gegenliebe zu gewähren, sollte wenigstens Euer so schwer beleidigter Stolz Euch dazu drängen, Euch, die Ihr so vollkommen seid und doch so gekränkt von jenem, um dessentwillen Ihr Eure Hand allen andern Bewerbern verweigert habt."

Als die Königin diese Worte hörte, war sie so bewegt und bestürzt, daß sie, um ihre Erregung zu verbergen, in den Garten lief, ihre Hand auf den Arm des Grafen gestützt; dort gingen beide, ohne vor Erregung ein Wort sprechen zu können, auf und ab. Der Graf sah sie halb besiegt, und als sie am Ende einer Allee angekommen waren, wo sie niemand sehen, niemand erreichen konnte, überwältigte sie die Leidenschaft, die sie so lange bekämpft hatten — sie tranken in langen Zügen die Rache.

Dann verabredeten sie, daß jedesmal, wenn der Graf auf seine Güter und der König zu seiner Geliebten ginge, er ins Schloß zur Königin kommen solle, und so, die Betrüger ihrerseits betrügend, sie beide sich auch den Liebesgenuß verschafften, den der König mit der Gräfin allein zu haben glaubte.

Nachdem diese Abmachungen getroffen waren, gingen die Königin und der Graf in den Festsaal zurück, berauscht vom genossenen Glück und gern die erlittenen Kränkungen vergessend.

Während sie beide früher die Zusammenkünfte des Königs mit der Gräfin fürchteten, war ihnen jetzt nichts erwünschter, so daß der Graf jetzt viel häufiger als früher auf seine Güter zu reisen vorgab; und sobald der König durch die Gräfin von der Abreise ihres Mannes unterrichtet wurde, eilte er zu ihr; der Graf seinerseits verbrachte die Nacht im Schloß, wo er als Offizier des Königs zu jeder Stunde Zutritt hatte. Keine Menschenseele ahnte, was vorging.

Das dauerte geraume Zeit; aber der König war eine zu markante Persönlichkeit, als daß seine Liaison immer Geheimnis bleiben konnte. Man sprach öffentlich von der Sache; der arme Graf wurde bedauert, und die Jungen machten Hörner hinter seinem Rücken, was er zuweilen bemerkte — doch schwieg er, denn seinen Hörnern waren die des Königs ebenbürtig.

Als der König eines Tages beim Grafen zu einem offiziellen Besuch war, konnte er, als er ein Hirschgeweih an der Wand sah, sich nicht enthalten, dem Grafen lächelnd zu sagen, daß dieses Geweih hier gut hereinpasse.

Der Graf wollte dem König an Witz nicht nachstehen und schrieb auf den Schädel des Hirsches:

Ich trage Hörner, und ein jeder sieht's schon;
doch mancher trägt sie und ahnt nichts davon.

Als der König anläßlich eines Festes wieder zum Grafen kam, fragte er nach der Bedeutung dieser Inschrift.

„Oh, Sire", erwiderte der Graf, „wenn das Geheimnis des Königs in diesem Hirschgeweih steckt, ist es noch kein Grund, daß es dem König verraten werde; es möge Ihnen genügen, Sire, daß nicht alle, die Hörner tragen, auch den Verstand eingebüßt haben; diese Hörner sind manchmal so schön, daß sie nicht verunzieren, und derjenige, der von seiner Kopfzierde nichts weiß, sie am leichtesten trägt."

Der König deutete diese Worte so, daß der Graf etwas von seiner Liaison mit der Gräfin wisse; doch das Verhältnis zwischen der Königin und dem Grafen kam ihm nicht in den Sinn, denn je mehr die Königin von der Untreue ihres Gatten befriedigt war, desto besser spielte sie die Gefoppte und auch die getreue Gattin. Aus diesem Grund schwammen beide Paare in Liebesglück, und es dauerte lange Jahre, bis das unerbittliche Alter Ordnung schuf.

Verkleidung bringt Erfolg

Zu der Zeit, als der Großmeister von Chaumont Gouverneur von Mailand war, lebte dort ein französischer Edelmann namens Bonnivet, der später wegen seiner hervorragenden Verdienste französischer Admiral wurde. Er war vom Gouverneur und der hohen Gesellschaft sehr geschätzt und deshalb auf allen Festen zu finden, wo sich die schöne Welt zusammenfand. Dort war er, mehr als sonst ein Franzose, infolge seiner Schönheit, Anmut und Unterhaltungsgabe und nicht weniger wegen seines unvergleichlichen Muts sehr angesehen.

Als er nun an einem Abend im Karneval maskiert auf einem dieser Feste erschienen war, wählte er sich eine der schönsten Damen zum Tanz, und als die Musik pausierte, vertrieb er sich und seiner Tänzerin die Zeit damit, ihr Liebesanträge zu machen, etwas, das niemand besser verstand als er. Die Holde wies ihn kurz ab und sagte, sie liebe ihren Gatten und werde nie einen anderen lieben; somit sei seine Liebesmüh' verloren.

Er ließ sich jedoch durch diese harte Antwort nicht abschrecken, sondern verfolgte seine Absichten weiter. Doch sie blieb standhaft dabei, weder ihn noch einen anderen, sondern nur ihren Mann zu lieben. Bonnivet aber glaubte kein Wort von allem, da der Mann der vorgeblich so tugendhaften Frau ohne Anmut, sie aber hervorragend schön war.

Er beschloß also, eine List zu gebrauchen und sich gleich ihr zu verstellen. Er gab es auf, ihr nachzulaufen, forschte aber im geheimen aus, daß sie einen beachtenswerten italienischen Edelmann liebte.

Bonnivet freundete sich nun mit diesem Edelmann an, was ihm sehr leicht war, und gelangte bald in vertraulichen Verkehr mit ihm. Der Italiener schätzte seinen neuen Freund bald so, daß ihm außer seiner Geliebten niemand näherstand als Bonnivet.

Es galt jetzt, dem Italiener sein Herzensgeheimnis zu entlocken, ohne daß dieser etwas davon merkte. Bonnivet erzählte, um ihn zum Beichten zu bringen, dem Italiener seine eigenen Liebschaften und schwatzte von einer hohen Dame, die er liebe und deren Gegenliebe er besitze, ohne dies je gehofft zu haben; er bat ihn, das anvertraute Geheimnis zu bewahren und ihm nun auch seine Abenteuer anzuvertrauen. Der gute Italiener wollte seinem Freund beweisen, daß sein Vertrauen zu ihm ebenso groß sei, und erzählte Bonnivet alle Einzelheiten seines Verhältnisses mit der Dame, an der sich Bonnivet rächen wollte.

Die beiden Freunde kamen nun allabendlich zusammen und erzählten sich gegenseitig, was ihnen der Tag Gutes bei den Damen gebracht hatte; Bonnivet erfand und log, der arme Italiener redete stets die Wahrheit. Dabei gestand der letztere, daß er die bewußte Dame seit nahezu drei Jahren liebe, ohne etwas anderes erhalten zu haben als schöne Worte und Beteuerungen ihrer Gegenliebe.

Bonnivet gab ihm darauf die erdenklich besten Ratschläge, um ans Ziel zu kommen, und diesen Ratschlägen folgend, glückte es dem Italiener tatsächlich, nach einigen Tagen von ihr eine Zusage zu erhalten. Es handelte sich nur noch darum, auf welche Weise es auszuführen sei. Auch dabei half Bonnivet mit seinem Rat aus; einige Tage später kam der Italiener des Abends freudetrunken zu ihm und sagte:

„Es gibt niemanden in der Welt, dem ich so verpflichtet wäre wie Euch; denn infolge der Taktik, die Ihr mir angeraten habt, hoffe ich heute nacht zu erlangen, wonach ich schon so lange strebe!"

Darauf erwiderte Bonnivet:

„Berichtet mir alle Einzelheiten Eurer Verabredung, denn es könnte auch Hinterlist oder Verrat dabei im Spiel sein; in diesem Fall käme ich, um Euch beizustehn!"

Der Italiener erzählte ihm nun, daß die Zusammenkunft folgendermaßen vereinbart sei: Sie wollte den Toreingang in ihrem Haus bloß angelehnt lassen. Dies könne geschehen, wenn sie vorgäbe, daß das Tor offenbleiben sollte, falls für ihren kranken Bruder Arznei geholt werden müßte. So könne er in den Hof gelangen; dort müsse er nicht die große Treppe, sondern die kleine Dienststiege, die rechts liege, nehmen und in das erste Stockwerk steigen, in dessen Korridor alle Türen der Wohnzimmer mündeten. Von diesen Türen solle er die dritte nächst der Teppe nehmen; falls er diese verschlossen fände, solle er zurückkehren; denn in diesem Fall sei ihr Mann zurückgekehrt, den sie jedoch erst in zwei Tagen erwarte. Falls er die Tür jedoch unverschlossen finde, könne er leise eintreten und die Tür hinter sich verschließen; er werde sie in diesem Zimmer antreffen. Er dürfe jedoch nicht vor zwei Uhr kommen und müsse sich Filzschuhe anziehen, überhaupt jedes Geräusch vermeiden, da ihre Schwäger, die das Spiel liebten, gewöhnlich erst gegen ein Uhr nachts heimkehrten.

Als Bonnivet dies gehört hatte, sagte er zu dem Italiener:

„Geht mit Gott, und möge er Euch vor Unheil bewahren; wenn ich Euch irgendwie nützlich sein kann, stehe ich Euch, soweit meine Kräfte reichen, zu Diensten."

Nachdem der Italiener, der seiner Sache ganz sicher zu sein schien, Bonnivet für so viel Anteilnahme gedankt hatte, entfernte er sich, um seine Vorbereitungen zu treffen.

Bonnivet aber begab sich nicht zu Bett. Er sagte sich, daß jetzt die Stunde da sei, sich an der Spröden zu rächen. Er ließ sich Bart und Kopfhaare so zuschneiden, wie sie der Italiener trug, damit die Holde bei den zu erwartenden Umarmungen den Personenwechsel, den er vorhatte, nicht erkenne. Er gedachte auch der Filzschuhe und kleidete sich ungefähr so wie sein Freund. Er war mit dem Schwiegervater der Dame, der im selben Haus wohnte, befreundet; er ging deshalb schon gegen Mitternacht — als noch Leute aus und ein gingen — dorthin und hatte, falls er gesehen werden sollte, den Vorwand bereit, den Alten in einer wichtigen Angelegenheit sprechen zu müssen.

Er kam an allen vorüber, ohne bemerkt worden zu sein, und gelangte so vom Hof in den Korridor des ersten Stockwerks. Die ersten beiden Türen des Korridors fand er verschlossen; die dritte jedoch gab seinem Druck nach. Als er eingetreten war und die Tür hinter sich verschlossen hatte, schlich er zum Bett, das ihm schon weiß entgegenleuchtete; in diesem Bett lag die schöne Spröde im Nachthäubchen und Hemd — er sah das alles beim matten Scheine einer Kerze, von ihr noch unbemerkt, da sie zu schlummern schien. Er löschte die Kerze, um nicht erkannt zu werden; hierauf entkleidete er sich und schlüpfte kühn zu ihr ins Bett. Sie hielt ihn natürlich für den Italiener und gab sich ihm ganz hin.

Vom Genuß berauscht, doch vorsichtig, hütete er sich, ein Wort zu sprechen; dann dachte er an seine befriedigte Rache und ihre verlorene Ehrbarkeit. Eine Stunde nach Mitternacht schien es ihm, daß er für sein bisheriges Zuwarten genügend entschädigt worden sei; auch die Spröde war von dieser Art der Vergeltung ganz zufriedengestellt, und beide dachten nun daran, sich zu trennen. Da erst fragte er sie leise, ob sie mit ihm zufrieden gewesen sei. Sie glaubte noch immer mit dem Italiener zu tun zu haben und erwiderte, daß sie nicht nur zufrieden, sondern von der Ausdauer seiner Liebe aufs angenehmste überrascht sei.

Darauf lachte er laut und sagte mit seiner natürlichen Stimme:

„Nun, Madame, werdet Ihr mich weiter zurückweisen, wie Ihr es bisher getan habt?"

Da erst erkannte sie Bonnivet. Sie tat ganz entsetzt vor Scham, nannte ihn Verräter und Betrüger, wollte aus dem Bett springen, um einen Dolch zu holen und sich zu töten, weil sie das Unglück hatte, von einem Mann entehrt worden zu sein, den sie nicht liebte und der, um sich zu rächen, von seinem Glück, das er sich heute geholt hatte, erzählen werde.

Er hielt sie aber in seinen Armen zurück, indem er ihr

aufs zärtlichste versicherte, daß er sie weit mehr liebe als der andere und daß er verschwiegen sein werde wie das Grab.

Sie glaubte ihm auch, und als er ihr anvertraute, welche Mühe er sich gegeben und wie er es angestellt habe, sie zu gewinnen, und ihr noch bewies, daß er sie mehr lieben müßte als der andere, der ihr Geheimnis ausgeplaudert habe, und außerdem noch hinzufügte, sie wisse nun auch, daß die Ansichten bezüglich der Franzosen nur Vorurteile seien, da dieselben rücksichtsvoller, diskreter und ausdauernder seien als die Italiener, und dies von neuem durch Zärtlichkeiten besiegelte, vergab sie ihm; sie bat ihn aber, für die nächste Zeit an keinem Ort und bei keinem Fest, wo sie zugegen wäre, nicht anders als maskiert zu erscheinen, denn sie würde sich sonst verraten. Er versprach ihr das und bat sie seinerseits, wenn sein Freund um zwei Uhr käme, ihn freundlich aufzunehmen und ihm auch Liebesfreuden zu gewähren, das Geschehene selbstverständlich zu verschweigen, sich aber nach und nach von ihm loszumachen.

Sie wollte anfangs nicht darauf eingehen, willigte schließlich aber doch ein, indem sie Bonnivet versicherte, daß sie dies nur aus Liebe zu ihm tue.

Vor seinem Abschied beglückte er sie nochmals so sehr, daß sie gewollt hätte, daß er noch länger bei ihr bliebe. Nachdem er sich erhoben und angekleidet hatte, verließ er nach zärtlichem Abschied so leise das Zimmer, wie er gekommen war, und ließ die Tür angelehnt für den Italiener.

Da es inzwischen fast zwei Uhr geworden war und er befürchten mußte, dem Italiener unterwegs zu begegnen, beschloß er, dessen Ankunft abzuwarten, und verbarg sich auf der Stiege, indem er einige Stufen höher stieg und dort wartete.

Nach kurzer Zeit sah er auch wirklich seinen Freund heranschleichen und im Zimmer der Dame verschwinden. Er selbst ging heim, um sich von den Anstrengungen auszuruhen, und schlief bis in den nächsten Vormittag hinein.

Als er beim Frühstück saß, kam sein Freund mit kläglicher Miene und erzählte ihm seine Erlebnisse der verflossenen Nacht, die ihn gar nicht befriedigt hatten.

Als er nämlich zu seiner Dame gekommen war — so erzählte er —, hatte er sie in heftigem Fieber, mitten im Zimmer im Nachtgewand stehend, angetroffen; ihr Gesicht sei in Schweiß gebadet gewesen. Sie habe ihn gebeten umzukehren, denn trotz ihres Unwohlseins habe sie aus Furcht, daß er entdeckt würde, ihre Frauen nicht gerufen; sie sei infolge ihrer Unüberlegtheit in Verzweiflung und denke jetzt mehr an ihren Tod als an Liebe. Sie wollte lieber von Gott als von Amor hören. Zwar war sie in Verzweiflung, weil er vergeblich gekommen war, aber sie könnte seinem Verlangen nicht entsprechen.

Er sei durch diese Vorfälle so betrübt und abgekühlt, daß seine Liebesglut und Hoffnung in Traurigkeit zerronnen sei. Hierauf habe er sich trostlos entfernt. Am Morgen habe er sich nach ihrem Befinden erkundigen lassen und erfahren, daß sie in der Tat sehr krank sei.

Während er Bonnivet seine Leidensgeschichte erzählte, war er so aufgeregt, daß er heftig weinte. Bonnivet, dem das Lachen ebenso nahe war wie dem andern die Tränen, sprach ihm Trost zu und meinte, bei Dingen, die lange dauerten, sei eine plötzliche Enttäuschung sehr schmerzlich; doch wenn auch sein Glück jetzt einen Aufschub erleide, so werde die endliche Befriedigung seiner Wünsche um so genußreicher sein.

Die Dame mußte angeblich einige Tage das Bett hüten. Nachdem sie wiederhergestellt war, gab sie dem Italiener den Laufpaß, indem sie diesen Entschluß mit ihrer Furcht vor Entdeckung und Gewissensbissen begründete. Sie hielt sich dafür getreulich an Bonnivet, dessen Liebe so lange währte, wie die Rosen blühen.

Mut schürt das Feuer

Zur Zeit des Gouverneurs de Chaumont lebte in Mailand eine vornehme Dame, Witwe eines italienischen Grafen, die als eine der ehrbarsten Frauen der Stadt hochgeschätzt wurde. Sie lebte von der Welt ganz zurückgezogen im Haus ihrer Schwäger und wollte von einer Wiederverheiratung nie etwas hören.

Als ihre Schwäger eines Tages dem Gouverneur ein großes Fest gaben, war die Witwe auch genötigt zu kommen. Bei ihrem Erscheinen bewunderte alle Welt ihre Schönheit und Anmut, vor allen andern aber ein französischer Edelmann, der als einer der liebenswürdigsten und ritterlichsten Kavaliere galt, dessen Namen ich jedoch verschweigen will.

Er war von der Schönheit der Witwe, die er zum erstenmal sah, wie geblendet, näherte sich ihr und begann, obwohl sie sich fern vom Getriebe des Festes inmitten einiger alter Damen befand, sich lebhaft mit ihr zu unterhalten, wobei er auf Tanz und andere Unterhaltung verzichtete, nur um mit ihr beisammenbleiben zu können. So ließ er die junge Welt ganz beiseite und verbrachte den ganzen Abend — im Kreis der alten Damen — in ihrer Gesellschaft, und als er heimging, gestand er sich, diesen Abend aufs angenehmste verbracht zu haben, obwohl sich die Unterhaltung nur in ganz allgemeinen Betrachtungen bewegt hatte.

Die junge Witwe hatte gefühlt, daß er mit seiner Annäherung einen besonderen Zweck verfolgte; sie beschloß deshalb, auf ihrer Hut zu sein und sich von allen Festen fernzuhalten. Er jedoch forschte ihre Lebensweise aus und erfuhr bald, welche Kirche sie besuchte; er paßte dann genau auf, und so geschickt sie es auch anstellte, er war immer früher da als sie und betrachtete sie so lange, wie er sie sehen konnte, mit so verliebten Augen, daß ihr seine Zuneigung nicht verborgen bleiben konnte. Um dem auszuweichen, ging sie, Unwohlsein vorschützend, eine Zeitlang nicht in die Kirche und hörte die Messe zu Hause.

Der Edelmann war darüber sehr unglücklich, denn

auf diese Weise war sie seinen Blicken entzogen. Als sich die Dame vergessen glaubte, begann sie wieder in die Kirche zu gehen. Er erfuhr dies und nahm seinerseits die Kirchengänge und Andachtsübungen wieder auf. Da er aber fürchten mußte, daß sie seine Gegenwart von neuem verscheuchen und er die Gelegenheit verlieren würde, sich zu erklären, trat er am nächsten Morgen, als sie, um sich seinen Blicken zu entziehen, in einer wenig besuchten Seitenkapelle die Messe hörte, dicht an sie heran und sagte mit leiser und zärtlicher Stimme zu ihr:

„Madame, ich rufe den Erlöser zum Zeugen an, daß Ihr mich in den Tod treibt; wenn Ihr mich auch nicht gehört habt, so wißt Ihr doch, was mich bedrückt. Meine zärtlichen Blicke und mein tiefes Leid sagen es Euch zur Genüge!"

Sie tat, als verstehe sie ihn nicht, und erwiderte:

„Mit solch nichtigen Dingen soll man nicht an Gott herantreten; übrigens sagen schon die Dichter, daß die Götter die leichtfertigen Schwüre der Verliebten verlachen — deshalb dürfen die Frauen, die auf Ehre halten, weder leichtgläubig noch weichherzig sein!"

Nach diesen Worten erhob sie sich und ging weg.

Der Edelmann war über diese demütigende Antwort sehr aufgebracht; aber da es ihm nicht an Ausdauer mangelte, hielt er an seiner Liebe fest und verfolgte die Dame mit Briefen und auch anderweitig. Doch er konnte nichts erreichen, als daß sie ihn floh — nicht etwa aus Haß, sondern weil sie für ihre Ehre und ihren guten Ruf fürchtete.

Er setzte jedoch seine Bemühungen eifrig fort. Endlich, nach standhaftem Weigern, großen Qualen und verzweifelten Kämpfen begann die Dame, von seiner treuen Liebe gerührt, Mitleid mit ihm zu fühlen, und gewährte ihm endlich, was er so lange ersehnt hatte.

Als beide in ihren Wünschen übereinstimmten und alles zur Ausführung ihrer Pläne besprochen hatten, kam der Edelmann eines Abends in ihre Wohnung, was er nur unter Lebensgefahr durchführen konnte, da sämtliche Verwandte ihres verstorbenen Mannes mit ihr im Haus wohnten. Seine Kühnheit und Klugheit standen seiner Schönheit nicht nach, und es gelang ihm, zur verabredeten Stunde in ihr Zimmer zu gelangen, wo sie ihn überglücklich in ihrem Bett erwartete.

Da vernahmen sie, als er sich eben entkleidete, an der Eingangstür leises Geflüster und Degengeräusch. Die Dame verlor die Fassung und sagte vor Angst entsetzt:

„Jetzt seid Ihr und meine Ehre in Gefahr; das sind meine Schwäger, die Euch nach dem Leben trachten. Versteckt Euch rasch unter dem Bett, und wenn sie Euch nicht gleich finden, werde ich mich wegen der mir angetanen Beleidigungen zornig stellen und sie fortschicken."

Doch er, der Furcht nicht kannte, entgegnete:

„Ich fürchte Eure Schwäger nicht, solange ich meinen Degen habe; legt Euch deshalb ruhig wieder zu Bett und laßt mich die Tür verteidigen!"

Nach diesen Worten hüllte er sich in seinen Mantel, nahm seinen Degen in die Rechte und öffnete mutig die Tür. Draußen fand er zwei Kammerzofen, die jede zwei Degen hielten und die zu dem verblüfften Ritter sagten:

„Vergebt uns, wir sind auf Befehl unserer Herrin hier und werden Euch nicht weiter im Weg sein."

Der Edelmann schickte die beiden Frauen zu allen Teufeln, schlug ihnen die Tür vor der Nase zu und legte sich zu seiner Geliebten ins Bett, deren Liebesglut dieser Zwischenfall nur noch erhöht zu haben schien. Sie sprachen in diesen Augenblicken nicht mehr von der Störung, denn sie hatten Besseres zu tun; erst als der Morgen heranbrach, bat er sie, ihm zu sagen, was dies alles zu bedeuten gehabt hatte: zuerst ihr langes Sträuben und nunmehr dieser kindische Streich an der Tür.

Sie antwortete ihm darauf lächelnd:

„Meine Absicht war, nie mehr zu lieben, und ich erfüllte lange Zeit diesen Entschluß. Vom Augenblick aber, da ich mit Euch auf jenem Fest sprach, änderte ich meine Gesinnung und begann Euch zu lieben wie Ihr mich liebtet; meine Ehre jedoch, die ich immer vor Augen hatte, widerriet mir stets, etwas Unrechtes zu tun. Und wie das tödlich getroffene Wild den schneidenden Schmerz zu lindern glaubt, wenn es von Ort zu Ort flüchtet, so ging ich von Kirche zu Kirche, um den zu fliehen, der mir so große Beweise seiner Zuneigung gegeben hatte und dessen Bild ich im Herzen trug, bis ich meine Liebe mit meiner Ehre in Einklang brachte. Um aber sicher zu sein, daß ich mein Herz nur dem schenkte, der meiner Liebe würdig war, stellte ich die letzte Probe mit meinen Kammerfrauen an. Hättet Ihr für Euer Leben gefürchtet, oder wärt Ihr, wie ich es Euch vorschlug, unters Bett gekrochen, war ich entschlossen, Euch niemals wiederzusehen; da ich jedoch in Euch außer Eurer Schönheit und Anmut auch Tapferkeit und Mut gefunden habe, mehr noch, als ich vermutete, und da kein Funken von Furcht Euer Herz erzittern machte und das Feuer Eurer Liebe in dieser heiklen Lage nicht verminderte, will ich von jetzt ab für mein ganzes Leben Euch angehören: Ich kann mein Leben und meine Ehre in keine besseren Hände legen."

Und als ob die Bestimmungen der Menschen unveränderlich wären, schwuren sie sich ewige Treue — etwas, das nicht in der Macht der Menschen liegt. Man weiß ja, wie lange diese in der Aufwallung der Gefühle gemachten Schwüre dauern.

Zweifache
Liebesprobe

In einer größeren Stadt im Süden Frankreichs lebte ein junger Edelmann, der sich dem Studium hingab und die dortige Universität besuchte. Obwohl er nur siebzehn bis achtzehn Jahre alt sein mochte, studierte er mit Auszeichnung die Wissenschaften, die ihn zu Ehre und Ansehen bringen sollten; nichtsdestoweniger fand er noch Zeit, dem kleinen Liebesgott zu huldigen, und verliebte sich bis über die Ohren in eine der schönsten Damen des Landes, die in die Stadt gekommen war, um einen Erbschaftsprozeß zu führen. Der junge Kavalier war siegreich in das Herz der Dame eingezogen, die all die Vollkommenheiten des jungen Edelmannes sah, denn es gab niemanden, der ihm an Schönheit, Anmut, Wissen und Geist gleichkam.

Ich brauche nicht erst zu sagen, wie schnell das Feuer voranschreitet, wenn es Herz und Sinne erfaßt hat, und man weiß auch, daß, wenn Gott Amor sich in zwei mit solchen Vorzügen ausgestattete Seelen einnistet, er alles Licht ihres Lebens, ihr Denken, Fühlen und Wollen in heller Glut an sich zieht. Da der Edelmann aber noch sehr jung und deshalb noch sehr zaghaft war, betrieb er seine Liebessache nur zögernd und rücksichtsvoll; bei ihr wäre dies alles gar nicht nötig gewesen, da sie die Liebe schon ganz beherrschte; doch blieb auch sie aus weiblicher Zurückhaltung sehr reserviert. Schließlich aber war ihr Herz, diese Festung, in der die jungfräuliche Ehrenhaftigkeit thronen soll, so verheert, daß sie vorwärts gehen wollte. Vorher jedoch wollte sie seine Ehrenhaftigkeit und Beherrschung erproben. Sie versprach ihm Erhörung, jedoch unter einer schweren Bedingung; wenn er diese erfülle, werde sie ihm ganz angehören, andernfalls müsse er aber auf sie verzichten.

Diese Bedingung, wie sie nur einer Frau einfallen kann, bestand darin, daß sie sich zusammen, jeder nur mit einem Hemd bekleidet, in ein Bett legen sollten, ohne weiter zu gehen als miteinander zu sprechen oder sich höchstens zu küssen. Er ging darauf ein, da er schon dies für ein unerhörtes Glück ansah.

Als der Abend gekommen war, wurde die harte Probe erfüllt. So entgegenkommend sie ihm gegenüber auch war, er hielt die geforderte Bedingung ehrlich ein, obwohl die ihm zugemutete Qual ihm nicht geringer als das Fegefeuer erschien; aber seine Liebe war so stark, seine Hoffnung so groß, der Lohn seiner Selbstbeherrschung so verheißungsvoll, daß er tapfer aushielt und das gemeinschaftliche Bett verließ, ohne weiteres verlangt zu haben.

Diese beispiellose Enthaltsamkeit ihres Ritters machte die junge Dame ganz erstaunt, befriedigte sie aber nicht; es kam ihr die Vermutung, daß seine Liebe doch nicht so gewaltig sei, als sie geglaubt hatte, oder daß ihre körperlichen Reize ihn kalt gelassen hatten: Das ritterliche Einhalten seines Schwures rührte sie nur wenig. Sie beschloß, bevor sie ihr gegebenes Versprechen einlösen wollte, dem mehr als tugendhaften Verehrer eine neue Probe aufzuerlegen. Zur Erreichung dieses Zweckes bat sie ihn, eine ihrer Gesellschafterinnen, die jünger als sie und ebenso schön wie sie selbst war, den Hof zu machen, um — wie sie vorgab — die Leute, die ihn so oft ins Haus kommen sahen, glauben zu machen, seine Besuche würden dem jungen Mädchen gelten. Der junge Mann, im Glauben, daß dies wahr sei und auch dieser Einfall ihrer wahren Liebe entspringe, nahm auch dies hin und zwang sich aus Liebe zu ihr, dem Mädchen, für das er überhaupt nichts fühlte, den Hof zu machen.

Aber diese, von der Anmut und vom Geist des jungen Mannes gefesselt, verliebte sich ernstlich in ihn. Als nun die Dame sah, was sie angestellt hatte, wollte sie der Sache ein Ende machen und gab ihrem treuen Ritter ein regelrechtes Stelldichein für ein Uhr nachts in ihrem Zimmer, wo sie sein heißes Verlangen belohnen wolle. Der Hochmutsteufel blies ihr aber den Gedanken ins Ohr, noch einen letzten Versuch bezüglich seiner Treue zu machen, und sie sagte deshalb zu dem jungen Mädchen:

„Ich kenne die Liebe des jungen Edelmannes zu Euch und weiß auch, daß Ihr ihn leidenschaftlich wiederliebt — ich fühle Teilnahme für euch beide und will Euch Gelegenheit geben, mit ihm ungestört beisammenzusein."

Das junge Mädchen war überglücklich und gestand ihre Liebe; indem sie der Herrin dankte, versicherte sie ihr, sie sei zu allem bereit und wolle ihren Anordnungen gern folgen.

Diese hieß dem Mädchen, ihren Galan im Bett zu erwarten, die Tür ihres Zimmers offenzulassen und ihm nichts zu verweigern. Dann tat sie, als ginge sie aus dem Zimmer, verbarg sich aber in der Nähe des Bettes.

Der arme Liebhaber, mit dem sie ein so frevelhaftes Spiel trieb, kam zur verabredeten Stunde, von Glück überwältigt. Er trat leise ins Zimmer, verschloß vorsichtig die Tür hinter sich, entkleidete sich und trat ans Bett heran, wo er die Heißersehnte glaubte. Kaum hatte er die Arme nach der Geliebten ausgestreckt, als auch das junge Mädchen ihn mit ihren Armen umschlang und ihn zu sich niederzog, wobei sie ihm heiße Liebesworte ins Ohr flüsterte.

Als der junge Mann aber ihre Stimme hörte und erkannte, daß es nicht die Geliebte war, sprang er vom Bett auf, als ob sein Hemd brenne, zog sich ebenso rasch wieder an, wie er sich vorher entkleidet hatte, und sagte zu dem bestürzten Mädchen:

„Eure Torheit und die Eurer Herrin, die Euch hinterlistig herkommen ließ, können meine Gefühle nicht ändern. Bleibt ein anständiges Mädchen — durch mich sollt Ihr Eure Ehre nicht verlieren."

Hierauf verließ er das Zimmer wütend und kam lange Zeit nicht mehr in das Haus der Dame. Nach einer gewissen Zeit jedoch sagte er sich, daß alle diese Prüfungen eine große und beständige Liebe seitens jener Dame gewesen und ihm ein um so längerer und mehr Glück bringender Genuß bevorstehe. Auch sie dürstete danach, ihren Verehrer wiederzuerobern; sie wollte ihn um Verzeihung bitten, aber den ersten Schritt dazu nicht tun.

Als er wiederkam, war sie so zärtlich gegen ihn, daß er nicht nur alle ihm von ihr bereiteten Enttäuschungen vergaß, sondern dieselben pries, da sie ihn zu einem dauernden und beglückenden Verhältnis geführt hatten, dessen ungetrübten Genuß er lange weiterkostete.

Der einfallsreiche Liebhaber

In der Stadt Paris lebte ein Advokat, der durch Geschicklichkeit und Wissen seine Kollegen weit übertraf und deshalb sehr gesucht und zu großem Reichtum gelangt war. Er war bereits zum zweiten Mal verheiratet und von seiner ersten Frau kinderlos geblieben; er hoffte dies durch eine zweite Heirat wettzumachen, obwohl er schon bejahrt und von schwächlicher Verfassung war. Seine Erwählte dagegen war ein blühendes Geschöpf von neunzehn Jahren, frisch, schön und üppig gewachsen. Der Alte war in sie vernarrt; doch schenkte sie ihm ebensowenig Nachkommen wie seine erste Frau. Bald langweilte sie sich und fing an, auswärts Zerstreuungen aufzusuchen, ging zu Tanz und Festen; dies geschah jedoch in allen Ehren, und der Mann konnte keine Einwendungen machen, denn sie blieb stets in Gesellschaft von Leuten, in die er unbedingtes Vertrauen setzte.

Als sie nun eines Tages zu einer Hochzeit geladen war, begegnete sie dort einem hochstehenden Prinzen, dessen Namen zu verschweigen ich gelobt habe; doch kann ich sagen, daß er einer der schönsten und anmutigsten jungen Edelleute des Königreichs war.

Als dieser Prinz die Frau des Advokaten sah, deren Augen und Gesten ihn zur Liebe herauszufordern schienen, redete er sie in liebenswürdiger und nicht mißzuverstehender Weise an. Auch sie konnte nicht umhin, ihm zu verstehen zu geben, daß sie schon längst Liebe in ihrem Herzen trage, die sie bereit sei, ihm zu schenken; es blieb ihm daher die Mühe erspart, sie zu einer Sache zu überreden, die schon bei seinem Anblick zugestanden war. Als nun der Prinz durch ihr Liebesbedürfnis alles das versprochen erhielt, was sonst nur Zeit und Geduld bringt, dankte er der Vorsehung für diese Gunst und führte seine Sache so gut, daß zwischen den Liebenden eine Verabredung getroffen wurde, sich bald im geheimen wiederzusehen.

Der Prinz versäumte natürlich seine erste Zusammenkunft nicht; doch um sich und auch der jungen Frau nicht zu schaden, mußte er sich verkleiden. Um den nach Abenteuern lüsternen Leuten auszuweichen und nicht erkannt zu werden, nahm er einige junge Edelleute, die sein ganzes Vertrauen besaßen, mit und mischte sich unter diese Gruppe.

In einiger Entfernung vom Haus der Dame trennte er sich von seiner Begleitung, indem er zu ihnen sagte:

„Wenn ihr in der nächsten Viertelstunde nichts Auffälliges hört, geht ruhig nach Hause und holt mich zwischen drei und vier Uhr hier wieder ab!"

Diese Weisung wurde genau befolgt, und da alles ruhig blieb, entfernten sich die jungen Leute.

Der Prinz fand wie verabredet das Haustor offen; doch als er die Treppe hinaufschlich, stieß er auf den Ehemann, der ihn trotz Verkleidung sofort erkannte.

Die Not und zuweilen auch die Liebe macht die Menschen kühn und erfinderisch. Der Prinz, dem eine Eingebung zugeflogen kam, bewahrte seine Ruhe und sagte zum völlig erstaunten Advokaten:

„Ihr kennt das unbegrenzte Vertrauen, das ich und die Meinen in Euch setzen, und wißt auch, daß ich Euch zu meinen besten Freunden zähle; ich wollte Euch schon längst ganz geheim besuchen, um mich mit Euch über eine sehr delikate persönliche Angelegenheit bezüglich einer Frau, die mir teuer war, zu beraten; ich wählte diese Verkleidung, um von niemandem erkannt zu werden."

Der gute Alte war über die Ehre dieses geheimen Besuchs hochbeglückt, führte den Prinzen ins Zimmer, weckte seine Frau und bat sie, dem edlen Gast Erfrischungen zu bringen.

Obgleich ihre leichte Bekleidung ihre Schönheit und Frische noch hob, beachtete sie der Prinz gar nicht, sprach vielmehr bei ihrem Erscheinen eindringlich mit dem Gatten über seine Angelegenheit; als jedoch der Mann eine Flasche Wein holte, flüsterte sie ihm zu, beim Fortgehen in die zweitnächste Tür zu treten, wo er sie finden würde.

Nachdem die Besprechung beendet war, erhob sich der Prinz und wollte die Begleitung des Advokaten nicht zugeben. Als er die Treppe herabgestiegen war, schlich er wieder zurück und schlüpfte in die ihm bezeichnete Tür; dorthin kam, als ihr Gatte sich zur Ruhe begeben hatte, die junge Frau und führte den Prinzen in ihr Schlafzimmer — und dort hielt sie ihm alle gemachten Versprechungen.

Als die Stunde, die er seinen Begleitern bezeichnet hatte, herannahte, verließ er die im Glück schwelgende Frau und fand auch seine Begleiter am verabredeten Ort.

So ging es eine geraume Zeit. Später wählte der Prinz einen näheren Weg, auf welchem er ohne Begleitung zu seiner Dame gelangen konnte, und zwar hatte er mit dem Pförtner des nahen Klosters verabredet, daß ihm derselbe an bestimmten Tagen um Mitternacht das Klostertor zu öffnen habe; zum Rückweg fand er die Klosterpforte, der ersten Messe wegen, bereits offen. Vom Klostergarten war das Haus des Advokaten leicht und ungesehen zu erreichen.

Diejenigen, die ihn so früh aus dem Kloster treten sahen, hielten ihn für einen frommen und heiligen Mann. Die Schwester des Prinzen, die den Bruder über alles liebte, erfuhr dies und sprach mit dem Prior von der Gottesfurcht ihres Bruders; dieser meinte: „Ist es nicht etwas Erhebendes, daß ein so junger und schöner Prinz seine Nachtruhe opfert, um unsere erste Messe zu hören? Diese Frömmigkeit verursacht mir und meinen Brüdern Erstaunen, und wir sind neben ihm gar nicht würdig, Gottes Diener zu heißen."

Die Schwester wußte wohl, daß ihr Bruder gottesfürchtig sei; aber daß er zu so früher Stunde seine Andacht verrichten kam, das hatte sie nicht gedacht. Sie sprach bald darauf mit ihm und erwähnte den „Geruch der Heiligkeit", in dem er stand.

Er konnte sich eines Lächelns nicht erwehren, und daraufhin erriet sie, daß mit dieser Frömmigkeit ein galantes Abenteuer verschleiert wurde. Schließlich gestand er es und offenbarte ihr das Geheimnis, das sie mir dann erzählte, wie ich es nun, ohne Namen zu nennen, wiedererzählte.

Die Hochzeit des Mönchs

Einer französischen Dame vom Hof, die durch Padua reiste, wurde erzählt, daß im dortigen bischöflichen Gefängnis ein Franziskanermönch gefangensitze. Da dieser Hinweis von jedermann mit höhnischen Bemerkungen begleitet wurde, fragte die Dame nach der Ursache, und da wurde ihr folgendes berichtet:

Der Mönch, der schon bejahrt war, diente einst als Beichtvater einer sehr frommen und reichen Witwe, die ein einziges Kind hatte, das sie über alles liebte. Sie scharrte Reichtümer für die einzige Tochter zusammen, und als diese im richtigen Alter war, suchte sie eine gute Partie für sie zu finden. Das war von jetzt ab ihre einzige Sorge, und sie hielt scharfe Ausschau, um ihrer Tochter einen rechtschaffenen Mann zu finden, mit dem sie beide in Eintracht und Glück zusammenleben konnten.

Sie wandte sich deshalb an ihren Beichtvater, der Doktor der Theologie war, der allgemein geachtet und als Muster der Frömmigkeit verehrt wurde; so war sie überzeugt, daß sie durch sein Eingreifen die Erfüllung ihres Wunsches erreichen würde.

Nachdem sie ihm ihre Bitte vorgetragen hatte, erwiderte der würdige Mönch, daß man zuerst die Gnade des Heiligen Geistes durch Gebete und Fasten anrufen müsse — dann würde ihn, wie er dies erflehe, Gott gewiß erleuchten, so daß er finde, was sie suche.

Hierauf ging er fort, um über die Sache reichlich nachzudenken.

Da er wußte, daß die Dame fünfhundert Dukaten angelegt hatte, die ihr Schwiegersohn gleich beheben sollte, daß sie ferner den Unterhalt des jungen Paares übernahm und ihnen Wohnung, Möbel und weitere Aussteuer geben würde, huschte ihm der Gedanke durch den Kopf, daß er einen jungen, anmutigen und schön gewachsenen Mitbruder im Kloster habe, dem er das schöne Mädchen, das Haus und den zugesicherten Haushalt verschaffen könnte, während er sich von dem Glücklichen die fünfhundert Dukaten ausbitten wollte, damit sein Mitbruder nicht unter der Last von soviel Glück zusammenbreche.

Er weihte nun den jungen Klosterbruder in seinen Plan ein, und die beiden würdigen Männer wurden handelseinig. Hierauf ging er wieder zu der Dame und sagte:

„Gott hat mir beigestanden. Ich habe für Eure Tochter einen vollkommenen Gatten gefunden; ich entdeckte durch Gottes Fingerzeig den wackersten Edelmann Italiens, der Eure Tochter zuweilen in der Kirche sah und sie so liebt, daß er mich heute nach der Predigt im Kloster aufsuchte, mir dies erklärte und mich bat, sein Fürsprecher bei Euch zu sein. Da ich seine Familie kenne und weiß, daß er einen ehrbaren Lebenswandel führt, und dies alles für eine Fügung Gottes halte, versprach ich ihm, seine Angelegenheit bei Euch zu führen, und eilte hierher. Die Sache hat nur einen Nachteil, den ich allein kenne. Der junge Mann wollte einmal seinem Freund, den ein anderer töten wollte, beispringen und zog seinen Degen, um die beiden Feinde zu trennen; der Zufall wollte, daß der Freund seinen Verfolger tötete. Unser Mann mußte nun fliehen, da er bei dem Mord zugegen war. Auf Anraten seiner Familie hat er sich hierher gewandt, um in Sicherheit zu sein, auch seine Studien an der Universität fortzusetzen und so lange hier zu bleiben, bis sein Vater die Sache ins reine gebracht hat, was voraussichtlich in kürzester Zeit der Fall sein wird. Aus diesem Grund müßte die Ehe im geheimen vollzogen werden; und da der junge Mann seine Studien hier an der Universität fortsetzt, müßt Ihr zufrieden sein, daß er tagsüber in seine Vorlesungen geht und erst abends zum Essen zu Euch kommt und die Nacht hier verbringt . . ."

Die einfältige Alte ging auf alles ein und erwiderte:

„Ich freue mich über das, was Ihr sagt. So werde ich wenigstens das, was ich auf der Welt am meisten liebe, bei mir behalten!"

Nun bereitete der schlaue Mönch alles vor und brachte den Erwählten, den er mit einem Rock aus dunkelroter Seide bekleidet hatte, ins Haus seiner Braut, wo er sehr gefiel. Sie verlobten sich, ohne weiter Zeit zu verlieren, und als es Mitternacht schlug, las der alte Mönch eine Messe und verheiratete die beiden jungen Leute. Darauf wurde getafelt, und dann begab sich das junge Paar zu Bett.

Der junge Ehemann blieb bis Tagesanbruch und sagte dann zu seiner jungen Gattin, er müsse, um nicht erkannt zu werden, so früh zur Universität zurück; er zog nun wieder seinen rotseidenen Rock an, setzte seine schwarze Perücke auf, nahm seinen Mantel um, verabschiedete sich zärtlich von seiner Frau, die noch im Bett lag, und sagte ihr, daß er jeden Abend zur Essenszeit kommen und die Nacht hier zubringen würde; doch solle sie ihn zur Mittagszeit nicht erwarten, da er auf der Universität bleiben müsse. So verließ er seine Frau, die sich glücklich schätzte, einen so vortrefflichen Mann gefunden zu haben.

Der neuvermählte Mönch brachte nun dem alten Gauner die fünfhundert Dukaten, die ihm seine Schwiegermutter eingehändigt hatte. Zum Abendessen kehrte er wieder zu seiner jungen Frau zurück und unterhielt Schwiegermutter und Frau so gut, daß die beiden ganz entzückt von ihm waren.

So ging es eine geraume Zeit fort, und unsere drei Personen lebten wie im Paradies. Da fügte es der Zufall, daß sich Mutter und Tochter eines Tages zur Messe in die Kirche der Franziskaner begaben und dort auch ihren Beichtvater, der so gut für sie gesorgt hatte, aufsuchen wollten. Sie fanden diesen jedoch nicht und hörten unterdessen die Messe.

Als sich der Priester, der die Messe las, umwandte, um den Segen zu erteilen, stieg der jungen Frau alles Blut zu Kopf — sie glaubte im Priester ihren Mann zu erkennen! Sie flüsterte, mehr tot als lebendig, ihrer Mutter zu, der Priester sei ihr Mann, oder die Ähnlichkeit sei eine unglaubliche.

Die Mutter hielt das für unmöglich und gab sich

Mühe, sie zu beruhigen; sie sagte, es sei eine Sünde, an solche Dinge auch nur zu denken. Als sich der Priester jedoch neuerdings umwandte, um sein *Ite missa est* zu sagen, mußte auch sie zu ihrem Schrecken zugestehen, daß die Ähnlichkeit eine außerordentliche war und der Priester ein Zwillingsbruder ihres Schwiegersohns sein müsse. Die beiden Frauen, die nun keine Ruhe mehr hatten, beschlossen, der Sache auf den Grund zu gehen.

Sie verabredeten, daß die Mutter, wenn die Neuvermählten zu Bett gegangen sein würden, leise herantreten und dem Schwiegersohn jählings die Perücke vom Kopf herunterreißen solle, um zu sehen, ob er eine Mönchstonsur habe.

So geschah es auch.

Kaum war der Betrüger im Bett, kam die alte Frau, und während sie ihm, wie im Scherz, die beiden Hände festhielt, riß ihm die Tochter die Perücke herunter — und da sahen beide mit höchster Verwunderung die Tonsur.

Man rief die Dienerschaft, um ihn zu fesseln, und holte Gerichtspersonen herbei. Gleichzeitig wurde der alte Mönch, der eigentliche Anstifter, herbeigeholt, gefesselt, und beide wurden in das bischöfliche Gefängnis abgeführt.

Der Junge wurde, da er der Verführte war, bald begnadigt; doch der Alte, als Anstifter und Verführer, büßt noch heute im Gefängnis seine Schuld.

Wie man Liebesglut kühlt

In der Stadt Pamplona lebte eine Dame, die ebenso schön wie tugendhaft und fromm war. Sie liebte ihren Gatten und war ihm so ergeben, daß er ihr ganz vertraute.

Die gute Dame fehlte selten bei einem Gottesdienst oder einer Predigt und tat alles, damit Gatte und Kinder ebenso fromm würden wie sie. Sie war jetzt dreißig Jahre alt, das Alter, in welchem die Frauen ihre Schönheit mit frommer Verständigkeit zu vertauschen pflegen.

In diese Zeit fiel der Aschermittwoch, und sie verfehlte natürlich nicht, an diesem Tag in die Kirche zu eilen, wo ein Franziskanermönch predigen sollte. Dieser Mönch, der wegen seiner strengen Lebensweise abgemagert und blaß war und deshalb als heiliger Mann galt, war trotz seiner Blässe einer der schönsten Männer, die man sich denken konnte.

Unsere Dame lauschte andächtig und mit Bewunderung den beredten Worten des Mönches und wandte die Augen nicht von ihm ab; die Milde seiner Worte drang ihr tief ins Herz, und seine Schönheit und Anmut bezauberten sie so, daß sie ganz in Entzücken geriet. Nach beendeter Predigt beobachtete sie, wo er die Messe halten werde, und wohnte derselben bei; sie nahm dann die geweihte Asche aus seinen Händen, die so weiß wie die ihren waren, und sah mehr auf diese als auf die Asche.

Sie fühlte eine durchgeistigte Liebe für den frommen Mann und hatte die Überzeugung, daß eine solche Liebe, wie sehr auch sie zugleich ihr Herz erwärmte, ihr Gewissen nicht belasten konnte. Sie ging alle Tage zur Predigt des Franziskaners und schleppte auch ihren Mann mit; derselbe teilte übrigens ihre Begeisterung bezüglich des Mönches, und es wurde im Haus von nichts anderem gesprochen.

Diese anfangs rein geistige Liebe erfaßte nach und nach ihr ganzes Wesen und durchglühte schließlich ihre Sinne. Dieses Feuer, das so lange unter der Asche geglimmt hatte, durchbrach plötzlich alle Schranken, und noch bevor sie sich ihre Leidenschaft eingestand, überrumpelte sie Gott Amor; sie fühlte sich fortgerissen und widerstand keinem ihrer Wünsche mehr. Das Sonderbarste an der Sache war, daß der Gegenstand ihrer Flamme von allem keine Ahnung hatte. Sie schritt nun, alle Bedenken beiseite lassend, zur Ausführung ihrer Absichten, schrieb dem Mann, der ihr Herz gefangenhielt, allerdings zuerst nur zaghaft von ihrer Liebe und übersandte ihren Brief durch ihren kleinen Pagen mit der strengen Weisung, den Brief dem Priester eigenhändig zu übergeben und sich von ihrem Mann nicht erwischen zu lassen.

Der Page eilte weg, um die Botschaft zu überbringen. Er mußte durch eine Straße, in welcher der Gatte ganz zufällig in einem Laden saß; er sah den Pagen vorüberkommen, und dies erregte seine Neugierde. Er folgte ihm, und als der Page dies bemerkte, wurde er verlegen und flüchtete in ein Haus. Sein Herr bekam dadurch Argwohn, folge ihm und faßte ihn am Arm, indem er ihn fragte, wohin er ginge. Als er die Bestürzung des Jungen sah, drohte er ihm mit Schlägen, wenn er nicht die Wahrheit gestehe. Daraufhin stotterte der Junge weinend:

„Wenn ich es Euch sage, bringt mich Eure Frau um!"

Der Gatte versicherte dem ertappten Boten, daß ihm nichts geschehen werde, er vielmehr belohnt würde, wenn er die Wahrheit gestehe, andernfalls aber zeitlebens eingesperrt würde.

Der Junge zog die versprochene Belohnung der angedrohten Strafe vor, erzählte dem Herrn alles und gab ihm den Brief der Dame.

Als er ihn gelesen hatte, erschrak er furchtbar; denn seine Frau hatte ihm nie Anlaß zu einem Verdacht gegeben.

Um nun der Absicht seiner Frau auf den Grund zu kommen, verfaßte er eine angebliche Antwort des Paters mit verstellter Schrift, worin er sagte, daß er ebenso denke wie sie; er ließ den Pagen schwören, den ganzen Zwischenfall geheimzuhalten und seiner Herrin die vermeintliche Antwort des Paters zu überbringen.

Dieser Brief verursachte der Dame so große Freude, daß der Gatte dies bei Tisch an ihrem veränderten Gesicht bemerkte. Statt in der Fastenzeit blaß zu werden, war sie schöner und frischer als im Karneval; selbst während der Karwoche setzte sie nicht aus, dem Pater ihre Liebesbriefe, die immer glühender wurden, zu schreiben. Selbstverständlich trug der Page alle dem Gatten zu, der ihr die passenden Antworten unverweilt zusandte.

Wenn sich der Mönch bei ihren fortgesetzten Besuchen in der Kirche zufällig zu ihr hinwandte und von der Liebe Gottes sprach, kam ihr vor, als spräche er von ihrer Liebe, und sie schwamm in Seligkeit.

Der Gatte, der nun wissen wollte, wohin sie steuerte, schrieb ihr jetzt an des Mönches Stelle, sie möge ihm die Möglichkeit geben, sie heimlich zu sehen.

Die Frau hatte schon längst darauf gewartet. Als die Botschaft eintraf, riet sie ihrem Mann, sein Landgut wegen des nahenden Frühlings zu besuchen. Er willigte scheinbar ein, versteckte sich jedoch im Haus eines seiner Freunde. Die Frau schrieb nun sofort an den Mönch, er möge kommen; ihr Mann sei verreist.

Als der Mann diesen Brief abfing, ging er zu dem Mönch und bat ihn, ihm seine Kutte zu leihen. Der Mönch, der ein sehr würdiger Mann war, entgegnete ihm, die Ordensregel verbiete ihm dies; er wolle überdies seine Kutte zu keiner Maskerade hergeben. Als ihm jedoch der Edelmann versicherte, es handle sich um keinen Scherz, vielmehr um sein Lebensglück, lieh ihm der Mönch, der ihn als ehrenhaften Mann kannte, die Kutte.

Als der Mann die Kutte hatte, bedeckte er sich mit der Kapuze die Hälfte des Gesichts, legte einen falschen Bart an, der ihn dem Mönch ganz ähnlich machte, steckte Korksohlen in seine Sandalen, um die Größe des Mönchs zu erreichen, und kam so vermummt am

Abend in das Zimmer der Frau, die den Mönch voll heißer Sehnsucht erwartete.

Kaum war er im Zimmer, stürzte sich die brünstige Frau auf ihn und küßte ihn wie von Sinnen; er dagegen machte das Zeichen des Kreuzes und rief:

„Welche Versuchung, welche Versuchung!"

Worauf sie antwortete:

„Ihr braucht nicht zu zögern, mein Bruder; es gibt keine stärkere Versuchung, als die von der Liebe ausgeht und die Ihr in mir heilen sollt, wie Ihr es mir versprochen habt — erbarmt Euch meiner jetzt, da wir Zeit und Gelegenheit haben!"

Sie versuchte ihn aufs neue zu küssen; aber er entwand sich ihr und floh in das anstoßende Zimmer, immer „Versuchung, Versuchung!" rufend.

Als sie ihm nacheilte und diesmal unter die Kutte langte, holte der vermeintliche Mönch einen Stock unter derselben hervor und schlug so auf sie los, daß er ihr die Versuchung austrieb; dann ging er, ohne von ihr erkannt zu werden, eilends fort, brachte dem Mönch die Kutte zurück und versicherte ihm, daß sie ihm Glück gebracht habe.

Am nächsten Morgen tat er, als komme er von seiner Reise zurück, und fand seine Frau im Bett. Auf seine Frage, was ihr fehle, sagte sie, sie könne Arme und Beine nicht bewegen. Der Mann hatte nicht wenig Lust, zu lachen, tat aber sehr betrübt und teilnahmsvoll. Schließlich sagte er ihr, er hätte den Mönch getroffen und habe ihn, um ihr Vergnügen zu machen, zum Abendessen eingeladen.

Daraufhin entgegnete sie erregt:

„Ich will das nicht; lade nicht solche Leute ein, die Unglück ins Haus bringen; bestelle ihn unter dem Vorwand ab, ich sei krank . . ."

„Wie kommt das aber?" erwiderte er. „Du hast mir doch den Pater sehr gelobt, und ich selbst halte ihn für einen heiligen Mann."

Worauf sie entgegnete:

„Siehst du, diese Leute sind gut in der Kirche und bei ihrer Predigt, in den Häusern aber sind sie die reinen Antichristen. Laß mir ihn deshalb nicht vor die Augen kommen, denn krank wie ich bin, würde mich das sicherlich töten!"

Darauf meinte der Mann:

„Da du dich weigerst, ihn zu sehen, werde ich ihn nicht zu dir führen; aber ich werde ihn bei mir bewirten."

Sie sagte:

„Tut, was Ihr wollt — aber bringt ihn nur nicht zu mir, denn ich hasse diese Leute wie den Teufel!"

Der Edelmann empfing am Abend den Mönch sehr freundlich und sagte im Verlauf des Mahles zu ihm:

„Ich glaube, mein Vater, daß Ihr so fromm seid, daß Euch Gott keine Bitte unerfüllt läßt; ich bitte Euch deshalb inständig, habt mit uns Mitleid. Meine Frau ist seit acht Tagen von einem bösen Geist besessen, so daß sie alle Welt beißen und kratzen will; selbst Kruzifix und geweihtes Wasser helfen nicht bei ihr. Wenn Ihr jedoch die Hand auf sie legen wollt, wird der böse Geist sicherlich von ihr weichen."

Der Mönch erwiderte darauf:

„Dem Gläubigen ist alles möglich; seid überzeugt, daß der Höchste keines Menschen Bitte, die im festen Glauben an ihn gerichtet ist, zurückweist. Gehen wir also in unserem starken Glauben, diesem Ungeheuer seine Beute zu entreißen!"

Der schlaue Edelmann führte hierauf den Priester zu der Frau, die auf einem Ruhebett lag, als die beiden in ihr Zimmer traten.

Sie war nicht wenig erregt, den Mönch, von dem sie sich geschlagen wähnte, bei sich zu sehen, und wurde heftig und zornig; als sie aber ihren Mann sah, bezwang sie sich, schlug die Augen nieder und verhielt sich ruhig.

Der Mann neigte sich zum Pater und sagte leise zu ihm:

„Solange ich neben ihr bin, läßt sie der Teufel in Ruhe; ich will hinausgehen, und Ihr werdet dann selbst sehen, wie der Teufel in ihr tobt, und werdet eingreifen, indem Ihr sie tüchtig mit Weihwasser besprengt!"

Der Mann ging hinaus und ließ den Mönch mit der Frau allein, blieb aber bei der Tür horchend stehen.

Als sich die Frau allein mit dem Mönch im Zimmer sah, begann sie zu toben und nannte ihn Lump, Mörder und Betrüger. Der Mönch, der von der ganzen Sache keine Ahnung hatte, glaubte jetzt wirklich, die Frau sei vom Teufel besessen. Er ging auf sie zu, um ihren Kopf in die Hände zu nehmen und seine Gebete zu sprechen. Sie aber kratzte und biß ihn dermaßen, daß er sie losließ und sie von fern mit Weihwasser besprengte.

Der Mann hielt sich während dieser Teufelsbeschwörung den Bauch vor Lachen; dann trat er ins Zimmer. Bei seinem Anblick hörten alle Verwünschungen der Frau auf, und sie küßte das Kruzifix, das ihr der Mönch reichte.

Der Mann dankte dem Pater sehr herzlich für die erfolgreiche Kur, und dieser ging, überzeugt, daß er der Frau den Teufel ausgetrieben hatte, nun voll Dank gegen Gott erfüllt, fort.

Der Mann hielt sie von ihrer törichten Leidenschaft für ausreichend kuriert und wollte nicht weiter gehen; er war zufrieden, ihre Untreue durch seine List besiegt zu haben, da sie das, was sie vorher abgöttisch geliebt hatte, jetzt tödlich haßte. Von dieser Zeit ab ließ sie auch alles, was sich auf die Kirche bezog, aus dem Spiel und lebte nur noch für ihren Mann und ihre Kinder.

Die lüsterne Heuchlerin

In einem der großen Schlösser der Touraine lebte eine hochstehende Prinzessin, in deren Diensten eine äußerst verschlagene und lüsterne Hofdame namens Jambique stand. Die Prinzessin tat nichts ohne Jambiques Rat und Zustimmung, da sie dieselbe für das klügste und tugendhafteste Geschöpf hielt. Jambique verfolgte in ihren scheinbaren Tugendwallungen alle Verliebten im Schloß und berichtete, sobald sie etwas ausspioniert hatte, dies ihrer Herrin, die dann die Verliebten maßregelte. Madame Jambique war dadurch verhaßt und gemieden. Sie selbst sprach nie anders zu einem Mann als ganz laut und herrisch, so daß alle glaubten, sie sei eine geschworene Feindin aller Männer, obwohl in der Wirklichkeit das Gegenteil der Fall war, wie wir sogleich sehen werden.

Im Schloß war ein junger Edelmann, in den sie aufs heftigste verliebt war; da sie aber für ihren Ruf fürchtete und als streng tugendhaft gelten wollte, verbarg sie ihre Flamme vorsichtig. Doch die Natur war stärker, und nachdem sie ihre Leidenschaft ein Jahr lang bekämpft hatte, loderte das zurückgehaltene Feuer in ihr auf und ließ sie den Entschluß fassen, ihrem Verlangen nachzugeben, dies jedoch vor der Welt zu verbergen.

Als sie eines Tages von der Schloßterrasse den Mann ihrer Liebe im Garten auf und ab gehen sah, rief sie eiligst einen Pagen herbei und sagte zu ihm:

„Siehst du dort den Edelmann im Garten? Eile zu ihm und melde ihm, einer seiner Freunde wolle ihn sprechen und erwarte ihn im Gartenpavillon."

Hierauf ging sie, die Schloßräume durchschreitend, um ungesehen in den Pavillon zu gelangen, dorthin, nachdem sie vorher die Haube über die Stirn gezogen und eine Maske vor das Gesicht genommen hatte.

Als der Edelmann eingetreten war, schloß sie die beiden Eingangstüren ab, warf sich, ohne die Maske abzunehmen, ungestüm in die Arme des Edelmannes und flüsterte ihm zu:

„Meine Liebe zu Euch hat mich schon lange gedrängt, Euch zu sehen; aber das Gefühl der Ehre war lange Zeit so mächtig in mir, daß es mich zwang, mich zu verstecken; jetzt aber überwand die Macht meiner Liebe alle Furcht in mir, und da ich Eure Zuverlässigkeit kenne, will ich, wenn Ihr mir versprecht, mich zu lieben, das Geheimnis zu bewahren und nicht nachzuforschen, wer ich bin, Euch eine treue und ergebene Freundin sein und nur Euch lieben; doch wollte ich eher den Tod erleiden, als daß Ihr erfahrt, wer ich bin."

Der Edelmann versicherte, ihre Wünsche genau zu befolgen. Daraufhin gewährte sie ihm alles Liebesglück, das er verlangte.

Er konnte sie nicht sehen, denn das Abenteuer spielte sich im Winter zwischen fünf und sechs Uhr ab, wo man nichts mehr unterscheiden konnte; aber er fühlte durch Betasten, daß sie ein Samtkleid anhatte und ihre Wäsche vom feinsten Gewebe war. Er tat sein Bestes, um ihre gierige, schier unersättliche Leidenschaft zu stillen, wobei er bemerkte, daß seine Eroberung keine Jungfrau mehr war.

Sie wollte nach der bestimmt nicht verlorenen halben Stunde eiligst zurückkehren, doch der Edelmann sagte zu ihr:

„Ich schätze die Gunst, die Ihr mir ohne mein Verdienst gewährt habt, sehr hoch und würde dieselbe noch höher anschlagen, wenn Ihr mir sie erhalten würdet und mir sagen wolltet, wie und wo ich Euch wiedersehen kann, da ich Euch doch nicht kenne!"

„Laßt dies meine Sorge sein", antwortete die Unbekannte, „ich werde Euch jeden Abend vor dem Abendessen um diese Stunde rufen lassen; seid um diese Zeit immer auf der Terrasse, und gedenkt Eures Versprechens, denn sonst wäre es mit unserer Freundschaft zu Ende. Sollte ich verhindert sein, Euch rufen zu lassen, dann macht Euch keine Sorge, zieht Euch zurück und kommt dann wie gewöhnlich zum Abendempfang der Prinzessin." Daraufhin verschwand sie.

Das Verhältnis dauerte eine lange Zeit, ohne daß der

Edelmann erforschen konnte, wer die Geheimnisvolle war; das fing ihn an zu bedrücken, und er beschloß, seine unbekannte Mätresse kennenzulernen, und zwar wollte er dies schon bei der nächsten Zusammenkunft versuchen.

Er nahm zu diesem Zweck ein Stück Kreide mit und machte, als er sie umarmte, einen Strich damit auf ihre Schulter. Als er zum Abendempfang der Prinzessin kam, hielt er sich bei der Eingangstür auf, um seine Dame zu erkennen.

Als einige Damen bereits eingetreten waren, kam Dame Jambique kühnen Blicks an ihm vorüber: Der Edelmann dachte am wenigsten an die so sittenstrenge Frau; da sah er seinen Kreidestrich auf ihrer Schulter und wollte seinen Augen kaum trauen. Als er aber Wuchs und Formen verglich, zweifelte er nicht mehr, daß sie es sei, und war über diese Auszeichnung ganz verdutzt, da die Dame, die sich ihm ganz hingab, die angesehensten Edelleute stolz zurückgewiesen hatte.

Amor, der nicht ruhig bleiben kann, litt nicht, daß die Dame nur inkognito weiter genoß; unser Edelmann wurde eitel und verwegen und beschloß, ihr in aller Form seine Liebe zu erklären, in der Meinung, daß dies ihr Verhältnis noch bestärken würde.

Als sie nun am nächsten Tag im Garten allein lustwandelte, ging der Edelmann auf sie zu, und ohne daß er merken ließ, daß er sie kenne, sagte er zu ihr:

„Madame, ich trage schon lange eine tiefe Neigung zu Euch im Herzen, die ich aus Furcht, Euch zu mißfallen, nicht zu gestehen wage; doch bin ich darüber so krank geworden, daß ich es nicht mehr ertragen kann. Laßt mich Euch deshalb gestehen, daß ich Euch liebe, wie Euch noch niemand geliebt hat, und . . ."

Sie aber ließ ihn nicht zu Ende reden, sondern rief im höchsten Zorn:

„Wie könnt Ihr wagen, so zu mir zu sprechen? Habt Ihr je gehört, daß ich einen Ritter habe? Ich bin erstaunt, wo Ihr die Kühnheit hernehmt, zu einer ehrbaren Frau, wie ich es bin, in dieser Weise zu sprechen! Ihr seid doch lange genug in meiner Umgebung, um zu wissen, daß ich keinen anderen Mann liebe als meinen Gatten; hütet Euch deshalb, mir je solche Anträge zu wiederholen!"

Als der Edelmann diese Verstellung sah, konnte er sich des Lächelns nicht erwehren und entgegnete:

„Ihr seid nicht immer so streng gewesen wie heute, Madame! Ist eine ganze, eine offene Freundschaft dieser Geheimnistuerei nicht vorzuziehen?"

Darauf erwiderte die Heuchlerin:

„Ich habe für Euch weder eine ganze noch eine halbe Freundschaft, sondern nur die, wie ich sie für die anderen Diener unserer Herrin habe; wenn Ihr aber mit Euren dunklen Reden fortfahrt, so könnte ich Euch leicht zu hassen beginnen, daß es Euch gereuen würde!"

Der Edelmann verlor sein kaltes Blut und sagte hierauf:

„Wo ist dann die Zärtlichkeit, die Ihr mir beweist, wenn ich Euch nicht sehen kann; weshalb beraubt Ihr mich derselben jetzt, da das Tageslicht mir Eure Schönheit in Begleitung so vollendeter Anmut zeigt?"

Die Heuchlerin bekreuzigte sich und sagte in hellem Zorn:

„Ihr habt den Verstand verloren, oder Ihr seid der frechste Lügner auf der Welt; denn ich weiß, daß ich Euch nie mehr oder weniger freundlich als heute empfing. Erklärt Euch deshalb, ich bitte Euch darum!"

Der arme Edelmann verlor angesichts einer solchen Unverschämtheit ganz den Kopf und hatte den unglücklichen Einfall, sie an ihre Zusammenkünfte, wo er soviel Glück genoß, zu erinnern, und gestand ihr auch seine List mit dem Kreidezeichen, an dem er sie erkannt habe.

Daraufhin geriet sie so in Zorn, daß sie ihn den verworfensten Menschen der Welt nannte; er hätte gegen sie solch ein heimtückisches Lügengewebe ausgesonnen, daß er es bereuen solle.

Da er ihre Bosheit sowie ihren Einfluß bei der Prinzessin fürchtete, wollte er sie nun beruhigen; dies gelang ihm jedoch nicht, und sie wurde nur noch aufgeregter.

Danach ging sie eilends zur Prinzessin, bat um eine Unterredung unter vier Augen, und da die Prinzessin sie sehr liebte, sandte sie die anwesenden Damen aus dem Zimmer und bat die vor Aufregung zitternde Frau, zu sprechen.

Nun brachte die Heuchlerin die Szene mit dem Edelmann vor, erzählte von dem Antrag, den er ihr gemacht hatte, verdrehte alles und log so unverschämt, daß die Prinzessin, empört über das Betragen des Edelmannes, demselben sagen ließ, er möge das Schloß sofort und ohne mit jemandem zu sprechen verlassen und sich auf seine Güter zurückziehen, bis sie ihn wieder aufforderte, zurückzukehren.

Der Ärmste beeilte sich aus Furcht vor einer noch härteren Strafe, diesem Befehl sofort nachzukommen, und solange die Dame Jambique bei der Prinzessin war, wagte er nicht an den Hof zurückzukehren.

Aber schon nach einigen Monaten erfuhr er, daß sie mit Schimpf und Schande aus dem Schloß gezogen war. Er eilte zur Prinzessin, um sich zu rechtfertigen; doch war dies überflüssig: Die Prinzessin hatte den Zusammenhang erraten, da die Heuchlerin wegen eines gleichen Abenteuers, wo der Mißhandelte weniger verschwiegen gewesen war als unser Edelmann, auf der Stelle entlassen worden war.

Der Männerharem

Am Hof eines Königs Karl von Frankreich — ich verschweige, der wievielte es war, aus Rücksicht für die Dame, deren Abenteuer ich erzählen will und deren Namen ich selbstverständlich auch verschweigen werde — lebten ein Graf und seine Frau, die Ausländerin war.

Als sie an den Hof kam, wurde sie viel umschwärmt und wie alle neuen Dinge angestaunt, obwohl sie nicht gerade durch besondere Schönheit hervorragte; doch war sie von großer Anmut, starkem Geist und selbstbewußtem Auftreten. Sie hatte den König für sich einzunehmen gewußt, und dieser, um ihr ungestört huldigen zu können, hatte dem Grafen, ihrem Gatten, einen Auftrag gegeben, der ihn für längere Zeit im Ausland zurückhielt.

Während dieser Zeit trat der König mit ihr in ein enges freundschaftliches Verhältnis, das mehreren Edelleuten am Hof bekannt war; diese Edelleute erlaubten sich nun, die Gräfin gleichfalls zu umschwärmen.

Der erste, der sich diese Kühnheit herausnahm, war ein liebenswürdiger und verwegener Mann namens Astillon. Anfangs trat sie ihm abweisend entgegen und drohte, es dem König zu sagen. Da er aber gewohnt war, selbst die Drohungen eines kühnen Gegners nicht zu fürchten, gab er seine Absichten nicht auf und verfolgte sie weiter, bis sie nachgab und ihm mitteilte, wie er ungesehen in ihr Zimmer gelangen könne; sie sagte ihm weiter:

„Damit der König keinen Verdacht schöpft, müßt Ihr Euch von ihm einen Urlaub für eine Reise erbitten."

Dies tat er und verließ hierauf den Hof.

Aber schon nach zweistündiger Reise trennte er sich von seinem Gefolge und kam des Nachts ins Schloß zurück, um sich bei der Gräfin die Einlösung ihres Versprechens zu holen. Er folgte ihren Weisungen und gelangte in ihr Zimmer, wo er den ihm zugesagten Liebeslohn empfing.

Um nun im Schloß ungesehen zu verweilen, mußte er in einem Garderobenzimmer eingeschlossen bleiben.

Dies dauerte über eine Woche; dort wurde er mit Kraftbrühen und vorzüglichen Fleischspeisen genährt, so daß er immer verliebter wurde.

Während Astillon im Ankleideraum Gefangener war und so üppig genährt und geliebt wurde, machte ein anderer Edelmann namens Duracier der Gräfin heiße Liebesanträge; er wurde gleichfalls erhört. Sie machte es mit dem zweiten wie mit dem ersten. Astillon wurde nach acht Tagen freigelassen und Duracier in die Garderobe geschickt, dort gemästet und wie sein Vorgänger mit inbrünstiger Leidenschaft belohnt.

Während Duracier sich's in der Garderobe wohl sein ließ, kam ein dritter Freier namens Balnebon, mit dem genau so vorgegangen wurde wie mit Astillon und Duracier, seinen Vorgängern.

Nach ihm kamen dann noch drei von den Edelleuten, die um ihre Liaison mit dem König wußten, die ihr Anträge machten, gleich ihren Vorgängern erhört wurden, ebenso wie diese Kraftbrühe bekamen und des Nachts dafür Amor zu opfern hatten.

Dieses Treiben dauerte eine Zeitlang fort, und die Gräfin richtete es so schlau ein, daß keiner vom andern etwas wußte. Und obwohl sich diese Glücklichen auf die Liebe verstanden, glaubte jeder von ihnen, daß er der einzige sei, der mit dem König aus einem Teller aß, und jeder von ihnen machte sich im stillen über die anderen lustig, daß ihnen ein so großes Glück entgangen sei.

Da traf es sich, daß diese eng befreundeten Edelleute ein Gastmahl feierten. Als sie immer heiterer wurden, sprachen sie von Liebe, Abenteuern und Gefängnissen. Balnebon, der am schwersten geladen hatte und dem das Glück, das er bei der Gräfin genossen hatte, schon lange auf der Zunge lag, sagte zu seinen Genossen:

„Meine Freunde, ich kenne die Gefängnisse, in denen ihr geschmachtet habt; was mich betrifft, hatte ich das Glück, in einem Gefängnis zu verweilen, das mich mit Glück erfüllte."

Astillon, der erste Gefangene der Gräfin, glaubte das Gefängnis, von dem Balnebon sprach, zu erraten, und sagte zu ihm:

„Welche Herrin hat Euch so gut behandelt, daß Ihr Euer Gefängnis so preist?"

Balnebon entgegnete:

„Ihr Name tut nichts zur Sache; ich wünschte, es wäre von längerer Dauer gewesen, denn mir war niemals wohler, und ich war nie zufriedener."

Jetzt erriet auch Duracier, auf welches Gefängnis Balnebon anspielte, da er doch auch seinen Anteil daran gehabt hatte, und er rief:

„Womit wurdet Ihr in diesem Gefängnis genährt?"

Der Gefragte antwortete:

„Der König erhält keine besseren und nahrhafteren Speisen!"

Darauf sagte Duracier:

„Ich möchte aber wissen, ob der oder die Euch gefangenhielt, schwere Arbeit von Euch verlangte."

Balnebon merkte, daß er sich verraten hatte, und rief:

„Donnerwetter, dann hatte ich ja Genossen, wo ich allein zu sein glaubte!"

Astillon platzte fast vor Lachen und rief:

„Wir sind Diener desselben Herrn und Jugendgefährten, und da wir es auch im Mißgeschick sind, wollen wir darüber lachen. Damit wir aber unserer Sache sicher sind, laßt mich einige Fragen an Euch richten, die uns aufklären sollen; doch müßt Ihr mir versprechen, mir die Wahrheit zu sagen. Es ist uns allen, wie ich nach dem Gehörten annehmen möchte, dasselbe widerfahren; es ist eine so drollige Geschichte, wie sie sich wohl ein zweites Mal nicht wieder ereignet."

Die Edelleute schworen nun alle, die Wahrheit zu sagen, da doch nichts mehr zu leugnen war. Astillon begann: „Ich will Euch erzählen, wie es mir erging, und Ihr werdet mir dann sagen, ob Euch dasselbe widerfuhr."

Alle stimmten zu, und Astillon fuhr fort: „Zuerst ließ ich mir vom König Urlaub zu einer Reise geben . . ."

Alle riefen:

"Wir auch!"

"Als ich zwei Meilen entfernt war, ließ ich mein Gefolge zurück und eilte ins Schloß, wo ich in den Garderoberaum gesperrt wurde . . ."

Alle riefen:

"Wir taten dasselbe!"

"Ich blieb dann sieben oder acht Tage in der Garderobe verborgen, wo man mir Kraftbrühe und das beste Fleisch vorsetzte. Am Ende des achten Tages entließ mich diejenige, die mich gefangenhielt, jedoch viel schwächer, als ich gekommen war."

Die anderen riefen:

"Uns erging es genauso!"

Astillon fuhr fort: "Meine Gefangenschaft endete an dem und dem Tag."

"Die meine", erwiderte Duracier, "begann genau an dem Tag, an welchem die Eure zu Ende ging, und dauerte gleichfalls acht Tage!"

Als Balnebon dies alles hörte, begann er zu wettern und zu fluchen und rief:

"Donnerwetter, ich sehe, ich war der dritte und glaubte, der einzige zu sein! Ich verließ die Garderobe an dem und dem Tag!"

Die übrigen drei, die noch da waren, schworen, sie seien der Reihe nach darangekommen und gleichfalls jeweils acht Tage in der Garderobe unter denselben Bedingungen verblieben.

"Da dem so ist", sagte Astillon gefaßt, "will ich diejenige, die uns so gut nährte und uns eine so sonderbare Wohnung anwies, näher bezeichnen. Sie ist Hofdame und ihr Mann auf Reisen in königlichem Auftrag. Um Euch den letzten Zweifel zu nehmen, will ich, der doch der erste war, ihren vollen Namen nennen. Es ist die Gräfin so und so, die immer so streng und tugendsam tat, daß ich, als sie in meinen Armen lag, Cäsar besiegt zu haben glaubte. Möge sie der Teufel holen, diese Kokotte, die uns so hart arbeiten ließ; es gab nie ein durchtriebeneres und nimmersatteres Weib, denn während sie den einen noch im Käfig hatte, zähmte sie den anderen schon als Nachfolger; ich möchte lieber sterben, als sie unbestraft lassen!"

Darauf berieten sich die Freunde, mit welcher Strafe die Gräfin ihr frevelhaftes Spiel büßen sollte.

„Ich meine", rief Duracier, „wir sollten alles dem König sagen, der sie für eine Göttin hält!"

Darauf entgegnete Astillon:

„Das wollen wir keineswegs tun; wir haben andere Mittel, um uns zu rächen. Ich will Euch eines vorschlagen: Wir wollen morgen alle auf ihrem Weg sein, wenn sie sich zur Messe begibt; und ein jeder von uns soll eine eiserne Kette um den Hals tragen. Wenn sie eintritt, begrüßen wir sie und lassen die Ketten dabei rasseln."

Dieser Vorschlag gefiel und wurde angenommen.

Am nächsten Morgen, als die Gräfin zur Messe ging, begegnete sie den sechs Edelleuten; sie waren schwarz gekleidet und hatten Ketten um den Hals geschlungen, die sie rasseln ließen.

Als sie diesen sonderbaren Aufzug erblickte, fragte sie lachend:

„Was soll diese Trauerprozession?"

Astillon antwortete:

„Madame, Eure Sklaven und Gefangenen sind gekommen, um Euch zu dienen!"

Die Gräfin erbleichte, tat, als verstünde sie nicht, und erwiderte:

„Ihr seid weder meine Sklaven noch meine Gefangenen, und ich verstehe nicht, was Euch veranlaßt, mir dienstbar zu sein."

Balnebon trat vor die Gräfin und sagte:

„Wir aßen Euer Brot so lange, Madame, daß es undankbar von uns wäre, wenn wir Euch nicht zu Diensten sein wollten!"

Sie begriff, daß alles entdeckt sei; doch fand sie ein Mittel, die Edelleute aufs neue irrezuführen. Sie hatte die Ehre verloren, wollte aber nicht die Schande durchkosten, die ihr die Edelleute zugedacht hatten. Da sie das Vergnügen der Ehre vorzog, gab sie sich dem einen wie dem andern wie bisher hin; die Edelleute schwiegen diesmal und trugen die Schande, die sie ihr bereiten wollten, selbst heim.

Vernachlässigung rächt sich

Am Hof Franz des Ersten lebte ein armer Edelmann, der hatte kaum fünfhundert Livres Rente; doch stand er beim König in hoher Gunst, und aus diesem Grund gelang es ihm, eine reiche und vornehme Heirat zu machen. Da seine Gattin noch sehr jung war, bat er eine seiner Verwandten, die Hofdame war, sie unter ihren Schutz zu nehmen und bei ihr wohnen zu lassen.

Der junge Ehemann war so schön und anmutig, daß fast alle Damen des Hofes nach ihm seufzten; in erster Reihe aber stand eine Dame, welche die besondere Gunst des Königs genoß, jedoch lange nicht so schön und anmutig war wie die junge Gattin unseres Helden. Dieser aber fing Feuer für sie, liebte sie mehr als seine Gattin und vernachlässigte ihretwegen schließlich seine Frau ganz und gar. Er sprach nur selten mit ihr und gab ihr nie den kleinsten Beweis von Zuneigung, so daß er mit ihr kaum mehr als eine Nacht im Jahr verbrachte.

Obwohl er fast ausschließlich von ihrem Geld lebte, ließ er ihr so wenig, daß sie sich nicht einmal standesgemäß und ihren Wünschen entsprechend kleiden konnte. Die alte Hofdame stellte ihn deshalb oft zur Rede, indem sie sagte:

„Eure Frau ist schön und aus reichem und vornehmem Haus. Ihr kümmert Euch nicht um sie, und es ist Euch gleichgültig, was sie entbehrt und erduldet; sie ist jetzt noch jung und unerfahren — doch nehmt Euch in acht, wenn sie erst zu Bewußtsein kommt und ihr Spiegel oder jemand anderer, der nicht gerade Euer Freund sein muß, ihr ihre Schönheit, die so wenig auf Euch wirkt, entdecken wird, sie dann aus Kränkung etwas tun könnte, an das sie nicht zu denken wagte, wenn Ihr Euch um sie kümmern würdet!"

Der Edelmann, dessen Gedanken anderswo weilten, lachte sie aus und führte sein bisheriges Leben weiter.

So vergingen zwei Jahre, und seine Gattin war eine der schönsten Frauen am Hof Frankreichs geworden; je mehr sie umworben war, um so größer wurde ihr Gram, daß ihr Mann sich gar nicht um sie kümmerte. Schließlich wurde sie verbittert, und ohne die Trostesworte ihrer alten Freundin wäre sie ganz verzweifelt.

Sie tat alles, um ihren Mann zu fesseln, und hielt es für unmöglich, daß er ihre Liebe nicht erwidern sollte, wenn er nicht eine andere Liebe verfolgen würde. Sie beschloß nachzuforschen und entdeckte auch bald, daß er alle Nächte draußen verbrachte und deshalb seine Pflichten ihr gegenüber vergaß. Nachdem sie dies über jeden Zweifel hinaus festgestellt hatte, versank sie in Trübsinn, kleidete sich in Schwarz und wollte kein Fest mehr besuchen; ihre Freundin versuchte alles mögliche, um sie zu bekehren, doch war der Liebe Müh' umsonst. Ihr Mann erfuhr dies, änderte jedoch nichts an seiner frivolen Lebensweise und verlachte sie noch obendrein.

Man weiß, das Langeweile der Feind alles Guten ist und das Verlangen nach Abwechslung und Vergnügen erweckt. So begab es sich eines Tages, daß ein hochstehender Edelmann, ein Prinz, der mit der alten Dame verwandt war und dieselbe zuweilen besuchte, von dem traurigen Leben der jungen Frau hörte und so lebhaftes Mitleid mit ihrem Los fühlte, daß er sie zu trösten begann. Je öfter er kam, desto schöner und liebreizender fand er sie, und er begann um ihre Gunst zu werben, statt von ihrem Mann mit ihr zu sprechen, oder er tat dies nur, um ihr zu beweisen, wie schlecht angebracht ihre Liebe zu ihm sei.

Als nun der Zeitpunkt gekommen war, daß sie sich von ihrem Gatten gänzlich vernachlässigt und von einem Prinzen geliebt und gewürdigt sah, wurde ihr der Verkehr mit diesem lieb und beglückend; es blieb wohl ihr Wunsch, ihre Ehrbarkeit zu bewahren, doch wollte sie mit ihm beisammensein und sich geliebt wissen — denn dies verlangte sie schon lange Zeit vergeblich.

Dieses Verhältnis hatte eine geraume Zeit gedauert, als eines Tages der König von der Sache erfuhr, und da er dem Gatten der jungen Frau sehr zugetan war, wollte er verhindern, daß ihm Schande oder Verdruß bereitet würde. Er bat deshalb den Prinzen, den Verkehr mit der Dame aufzugeben, und bedrohte ihn sogar mit seiner Ungnade, wenn er dies nicht täte.

Dem Herzen des Prinzen lag die Gunst des Königs näher als die Liebe sämtlicher Frauen; er versprach dem König, seinen Wunsch zu erfüllen und das Verhältnis noch am selben Abend zu lösen. Er begab sich auch wirklich am Abend zu der Dame, um sich von ihr zu verabschieden, nicht ohne daß der Gatte, der ein Stockwerk höher wohnte, ihn vom Fenster seiner Wohnung, wo er auf der Lauer lag, kommen gesehen hätte. Auch der Prinz hatte den Edelmann am Fenster gesehen, trat aber ungeachtet dessen bei der Dame ein.

Nach seiner Ankunft sagte er ihr, in deren Herzen Gegenliebe aufzukeimen begann, Lebewohl und begründete diesen peinlichen Schritt mit dem Befehl des Königs. Nach vielen vergossenen Tränen und Erklärungen des Bedauerns, die bis über Mitternacht hinaus währten, schloß die junge Frau mit den Worten: „Ich muß der Vorsehung dafür danken, daß Ihr Eure Gefühle für mich aufgeben müßt, denn Eure Neigung kann keine starke sein, wenn Ihr sie auf Befehl ablegen könnt: Ich dagegen, die weder meine alte Freundin noch mich selbst weiter befragte, um Euch zu lieben, habe diese Liebe, die durch Eure Liebenswürdigkeit und Eure edle Haltung entstanden ist, tief in mein Herz geschlossen, so daß Ihr mein Gott und mein König geworden seid. Da sich aber Eure Gefühle von der Befürchtung, die Gunst des Königs zu verlieren, leiten lassen, könnt Ihr nicht mein Geliebter sein — ich wollte Euch meine ganze Liebe schenken, so aber muß ich Euch für immer Lebewohl sagen, denn Ihr verdient selbst meine Freundschaft nicht!"

Der Prinz vergoß viele Tränen, doch schließlich ging er. Auch beim Weggehen bemerkte er ihren Gatten, der sein Kommen und Gehen überwacht hatte, am Fenster.

Am nächsten Morgen unterrichtete der Prinz den Gatten vom Zweck seines gestrigen Besuches bei dessen Frau, den Befehl des Königs hervorhebend, worüber der Gatte sehr erfreut war und dem König für dieses Zeichen seiner Huld dankte.

Als er nun sah, daß seine Frau mit jedem Tag schöner wurde, er dagegen wegen seiner Orgien frühzeitig zu altern begann, änderte er sein Benehmen gegen seine Frau vollständig; es trat im Haus jetzt fast das umgekehrte Verhältnis von früher ein. Er wurde jetzt liebevoll gegen sie und beschäftigte sich viel mit ihr; als diese sonderbare Veränderung einen gewissen Grad erreicht hatte, ging sie ihm aus dem Weg, denn sie wollte ihm den Kummer, den er ihr bereitet hatte, heimzahlen.

Das Verlangen nach Liebe trieb sie in die Arme eines schönen und liebenswürdigen Kavaliers vom Hof, dem alle Frauen nachliefen; sie machte ihm das Geständnis, wie schmählich sie von ihrem Mann behandelt worden sei. Dies erregte sein Mitgefühl, und von da zur Liebe ist nur ein Schritt. Er tröstete sie, so gut er konnte — sie ihrerseits wollte sich für den Verlust des Prinzen entschädigen und verliebte sich heftig in den Edelmann, vergaß dabei allen Kummer und war einzig darauf bedacht, daß ihr Verhältnis unentdeckt bliebe; sie tat dies in außerordentlich schlauer Weise, so daß selbst ihre alte Freundin nichts merkte.

Die Liebenden hatten verabredet, daß sie sich, falls sie sich etwas mitzuteilen hatten, im Schloß bei einer bekannten Dame, welcher auch ihr Mann gehuldigt hatte, treffen wollten. Dort fand die Schlaue ihren Geliebten, und die beiden setzten sich so, daß sie miteinander unbeobachtet sprechen konnten, während sie zu lesen schienen. Ihr Gatte jedoch hatte Spione aufgestellt, die gut aufpaßten, wohin seine Frau ging, und es ihm zu melden hatten.

Auch diesmal wurde er benachrichtigt und traf auch richtig seine Frau, die in einem Buch las; er tat, als sehe er sie nicht, und trat in einen Erker, von wo er sie beobachten konnte. Sie hatte aber sein Manöver verfolgt, und da sie befürchtete, daß er sie beim Kommen im Gespräch mit dem Edelmann bemerkt habe, verließ sie das Schloß eilends.

Am Abend, als sie sich zur Ruhe begeben wollte, wurde ihr gemeldet, daß ihr Gatte sie sogleich zu sprechen wünsche; sie ließ ihm sagen, sie komme nicht, da sein Begehren ein sonderbares sei und sie befürchten lasse, daß er etwas Böses gegen sie im Schild führe.

Daraufhin kam er selbst zu ihr und legte sich zu ihr ins Bett. Es war ihr klar, daß er alles wußte, und sie fing an, leise zu schluchzen, worauf er sie fragte, weshalb sie weine. Darauf erwiderte sie, sie fürchte seinen Zorn, da er sie mit jenem Edelmann angetroffen habe.

Er entgegnete darauf, daß er ihr niemals untersagt habe, mit einem Mann zu sprechen; er finde auch diesmal nichts dabei, daß sie mit diesem gesprochen habe, doch daß sie vor ihm die Flucht ergriff, als hätte sie etwas auf dem Gewissen, hätte ihn auf die Idee gebracht, daß sie diesen Mann liebe. Deshalb verbiete er ihr von nun ab, in Gesellschaft wie im geheimen mit einem Mann zu verkehren, und schwor, sie bei Nichtbefolgung seines Befehls ohne Gnade zu töten.

Sie ging darauf ein und nahm sich vor, ein zweites Mal vorsichtiger zu sein.

Da aber bei den Menschen alles Verbotene einen besonderen Reiz hat, vergaß die unglückliche Frau bald die Drohungen ihres Gatten; schon am nächsten Tag schrieb sie dem Edelmann, in der nächsten Nacht zu ihr zu kommen. Der Gatte jedoch, den die Eifersucht quälte, hatte dies durch seine Spione erfahren. Er begab sich in derselben Nacht in die Wohnung seiner Frau und klopfte leise an ihre Tür, um Einlaß zu begehren.

Sie dachte, es sei ihr Geliebter, stieg aus dem Bett, schlüpfte in einen Mantel, ging zur Tür, um zu öffnen, und fragte: „Wer ist da?"

Der Gatte nannte den Namen des Geliebten.

Sie öffnete vorsichtig ein Schiebefenster und sagte: „Reicht mir Eure Hand, ich will mich überzeugen, ob

Ihr der seid, der zu sein Ihr vorgebt!" Sie erkannte aber zu ihrem Schrecken die Hand ihres Mannes und rief zitternd: „Ihr seid es, mein Gemahl?"

Er antwortete: „Ja, es ist die Hand, die meinen Schwur erfüllen soll. Unterlaßt nicht, zu mir zu kommen, wenn ich Euch rufen lasse!"

Nachdem er das ruhig gesagt hatte, entfernte er sich wieder. Mehr tot als lebendig, stürzte sie darauf ins Nebenzimmer und weckte ihre Frauen.

Als diese nach der Ursache ihrer Erregung fragten, erzählte sie ihnen die Begebenheit und bat sie, ihr beizustehen; als sie dabei waren, ihr Mut und Trost zuzusprechen, erschien ein Diener ihres Gatten, der sie ersuchen ließ, sogleich zu ihm zu kommen.

Sie klammerte sich voll Todesangst an die beiden Frauen, schrie und weinte und rief, sie müsse jetzt sterben. Der Diener ihres Gatten beruhigte sie und setzte sein Leben zum Pfand, daß ihr nichts geschehen werde.

Als sie sah, daß ihr der Widerstand nichts half, warf sie sich dem Diener in die Arme und rief: „Nun denn, führt mich Unglückliche zum Tod!"

Der Diener trug sie halb ohnmächtig ins Zimmer ihres Gatten, wohin ihr auch ihre Frauen folgten. Dort umklammerte sie ihres Gatten Knie und rief: „Erbarmt Euch meiner, ich schwöre Euch bei meinem Glauben an Gott, daß ich die volle Wahrheit sagen werde!"

Zu allem entschlossen, erwiderte er: „Bei Gott, Ihr sollt mir die Wahrheit sagen!"

Darauf schickte er die Leute hinaus. Da er wußte, daß seine Frau sehr fromm war, sagte er sich, daß sie die Wahrheit gestehen werde, wenn er sie beim Kruzifix schwören lasse — und sie schwor auch.

Da sie die Todesangst bereits überwunden hatte, faßte sie neuen Mut und beschloß, ihrem Gatten lieber alles zu erzählen als zu sterben, aber nichts zu gestehen, was ihrem Geliebten Gefahr bringen konnte. Sie sagte: „Ich will mich nicht rechtfertigen und meine Liebe zu dem Edelmann nicht leugnen; doch will ich Euch sagen, wie diese Liebe entstanden ist. Hört also, daß niemals eine Frau ihren Gatten so liebte wie ich Euch. Seit meiner Verheiratung bis zu jener Stunde hat nie eine andere Liebe mein Herz erfüllt. Ihr wißt, daß, als ich noch ein Kind war, meine Eltern mich mit einem Edelmann aus vornehmerem Haus als dem Euren vermählen wollten; aber seit der Stunde, da ich Euch zuerst gesehen hatte, weigerte ich mich, ihren Willen zu tun, und hielt fest an Euch trotz Eurer Armut und ihren Einwendungen; auch wißt Ihr wohl, wie Ihr mich bisher behandelt, wie wenig Liebe und Achtung Ihr mir geschenkt habt. Darüber erfaßte mich solcher Kummer, daß ich ohne die Tröstungen meiner alten Freundin verzweifelt wäre. Endlich aber, als ich älter wurde und jeder — Euch ausgenommen — mich schön fand, fühlte ich Euer Unrecht gegen mich so lebendig werden, daß sich meine Liebe zu Euch in Haß und mein Verlangen, Euch zu lieben, in Rachsucht verwandelte. In dieser Stimmung fand mich der Prinz, der mehr auf des Königs Gunst als auf seine Liebe hörte und mich feig verließ, als ich in einer wahren und reinen Liebe Trost für mein Verlassensein zu fühlen begann.

Nach ihm traf ich den Edelmann, den Ihr kennt. Dieser brauchte mich nicht zu bitten, denn seine Anmut, seine Tugend und Wohlanständigkeit verdienen, daß er von jeder Frau gesucht und geliebt werde. Auf meine Bitte also, und nicht die seine, entstand der Verkehr zwischen uns. Er liebte mich in so ehrbarer Weise, daß er niemals etwas von mir begehrte, das sich mit meiner Frauenehre nicht vertragen hätte, und wenn der geringe Rest der Liebe, die ich Euch nach allem Geschehenen noch bewahrte, mich davor schützte, Euch untreu zu werden, so haben mich außerdem noch die Liebe zu Gott und meiner Ehre davor geschützt, etwas zu tun, worüber ich Reue und Beschämung fühlen könnte. Ich will gestehen, daß ich, so oft ich konnte, mit ihm in meiner Garderobe zusammentraf, während ich vorgab, zu meinen Gebeten zu gehen; ebensowenig will ich leugnen, daß ich, wenn wir allein und ungesehen waren, ihn oft und viel herzlicher als jemals Euch geküßt habe. Aber Gott möge mich von seiner Gnade ausschließen, wenn es jemals zwischen uns zu Weiterem gekommen ist. Er hat mich weder je dazu gedrängt noch verlangte mein Herz darnach; ich begnügte mich mit der stillen Freude, ihn zu sehen, und es gab kein größeres Glück für mich als dieses. Und nun wollt Ihr Euch wegen dieser Vorkommnisse, an denen nur Ihr allein Schuld tragt, an mir rächen? Ihr, der mir so lange Zeit hindurch das böse Beispiel gab und dessen Benehmen gegen mich gewissenlos und ehrlos war? Denn Ihr wißt wohl und ich weiß es gleichfalls, daß Eure Mätressen sich nicht allein mit Küssen begnügten — und so wie das Gesetz der Menschen nur die Frauen, die andere Männer lieben, für ehrlos erklärt, so verpönt das Gesetz Gottes die Männer, die andere Frauen als die ihren lieben. Und sollten wir unser beider Unrecht abwägen, so wäre zu berücksichtigen, daß Ihr ein gereifter und erfahrener Mann seid, um das Übel zu kennen und zu vermeiden, während ich dagegen jung, unerfahren und ohne Widerstandskraft bin. Ihr habt eine Frau, die Euch mehr als ihr eigenes Leben liebte und achtete, und ich einen Mann, der mich flieht, mich haßt und mich schlimmer als eine Zofe behandelt. Ihr liebt eine Frau, die nicht mehr jung, verrufen und viel weniger schön ist als ich; ich dagegen liebe einen Edelmann, der jünger, schöner und liebenswürdiger ist, als Ihr es seid. Ihr liebt die Frau eines Eurer besten Freunde und verletzt dadurch die Freundschaft sowie die Achtung, die Ihr beiden schuldet; ich liebe einen Edelmann, den nichts bindet als die Liebe zu mir. Entscheidet nun, wer der Strafwürdigere von uns beiden ist! Ich glaube, jeder vernünftige und erfahrene Mann wird Euch verurteilen, in Anbetracht, daß ich jung und unerfahren, von Euch verlassen und verachtet und vom schönsten und edelsten Ritter geliebt bin und dem ich mich nur aus Verzweiflung, daß Ihr mir niemals Eure Liebe beweist, zuwandte!"

Als der Edelmann diesen wahren und klugen Vortrag, den ihm seine Frau ruhig und mit selbstbewußter Anmut hielt, angehört hatte, war er so überrascht, daß er nichts anderes zu sagen wußte, als daß die Ehre von Mann und Frau nicht mit demselben Maßstab zu messen sei; und da sie ihm geschworen habe, daß zwischen ihr und dem Edelmann nichts Sündhaftes vorgefallen sei, entschloß er sich, sie nicht zu strafen, selbstverständlich unter der Begingung, daß sie den eingeschlagenen Weg nicht weiter ginge und all das Vergangene vergesse.

Sie versprach ihm dies, und hierauf legten sich die beiden versöhnt zusammen ins Bett.

Am nächsten Morgen kam ihre alte Vertraute, die um das Leben ihrer Herrin besorgt war, zu ihr und fragte: „Nun, wie ist's Euch ergangen?"

Die junge Frau entgegnete lachend: „Vorzüglich, wie Ihr seht! Es gibt keinen besseren Gatten als den meinen — er glaubte meinem Schwur!"

In den nächsten Tagen ließ der Edelmann seine Frau scharf überwachen; doch vermochte er es nicht sorgfältig genug zu tun, denn es gelang ihr, mit ihrem Geliebten an einem versteckten Ort wieder zusammenzukommen. Sie ging so schlau vor, daß niemand etwas ahnte. Erst als eines Morgens ein Stallknecht erzählte, er habe in einem Stall, der unter dem Zimmer seiner Herrin lag, einen Edelmann und eine Dame beisammen gefunden, erwachten sein Verdacht und seine Rachegedanken aufs neue; er beschloß, diesmal den Edelmann zu töten, und rief seine nächsten Verwandten, um sie zu veranlassen, ihm darin beizustehen. Doch der Edelmann wurde gewarnt, und zwar von einem der nächsten Verwandten des Gatten, der des Bedrohten bester Freund war; dieser hatte überdies so viele Freunde am Hof, daß er den Gatten nicht zu fürchten brauchte. Nichtsdestoweniger verschwand er für einige Zeit vom Hof, doch begab er sich täglich in eine Kirche, wo er seine Geliebte traf.

Sie hatte vom Vorgefallenen nichts erfahren. Als ihr der Edelmann den Verdacht ihres Gatten sowie den Plan, ihn umzubringen, mitteilte und hinzufügte, er müsse verreisen, um die im Umlauf befindlichen Gerüchte zum Schweigen zu bringen, war sie sehr unglücklich.

Bevor er jedoch abreiste, suchte er auf Anraten der alten Dame den Gatten seiner Geliebten auf, den er in einer Galerie nahe dem Zimmer des Königs antraf. Er ging auf ihn zu, verbeugte sich ehrerbietig vor ihm und sagte zu ihm: „Mein Herr, ich habe stets gewünscht, Euch dienlich zu sein, und erfahre jetzt, daß Ihr mir zur Belohnung dafür abends auflauern laßt, um mich ermorden zu lassen. Ich will nicht vergessen, daß Eure Stellung eine höhere ist als die meine; aber ich bin Edelmann wie Ihr und lasse ohne Grund mein Leben nicht bedrohen. Ich bitte Euch, überzeugt zu sein, daß Eure Gattin ehrbar und tugendhaft ist, wie sie es immer gewesen ist, und wenn sich jemand erdreisten sollte, das Gegenteil zu behaupten, werde ich ihn für einen ehrlosen Lügner erklären. Ich bin mir bewußt, nichts getan zu haben, was Euren Unwillen erregen könnte. Wenn Ihr es wünscht, will ich Euer ergebener Diener bleiben — anderenfalls bleibe ich immer ein Edelmann vom Hof des Königs, dessen Gunst ich noch nie verloren habe."

Der Gatte erwiderte, er habe ihn allerdings verdächtigt; er halte ihn jedoch nach dieser Erklärung für einen Mann von Ehre und wünsche ihn lieber als Freund zu besitzen, als ihn zum Feind zu haben. Hierauf sagte er ihm freundschaftlich Lebewohl.

Der Edelmann reiste ab, und da er mit Glücksgütern nicht gesegnet war, schenkte ihm seine Geliebte einen Ring, der dreitausend Taler wert war und den er für die Hälfte seines Werts verpfändete.

Etwa ein Jahr später starb ihr Mann. Der Liebhaber eilte zurück und tat alle möglichen Schritte, um die junge Witwe zu heiraten; es stellte sich aber heraus, daß ihm während seiner Abwesenheit ein neuer Nebenbuhler erstanden war. Er nahm sich dies so zu Herzen, daß er die gute Gesellschaft floh und die schlechte aufsuchte, wo er auch, nachdem er einen nicht sehr schmeichelhaften Ruf erlangt hatte, zugrunde ging.

Die Geliebte des Domherrn

In der Umgebung von Autun lebte eine Frau, die reizend, anmutig und von üppiger Gestalt war. Sie war an einen achtbaren Mann verheiratet worden, der jünger als sie war, worüber sie sich gewiß nicht zu beklagen hatte.

Kurze Zeit nach ihrer Verheiratung mußte der Mann wegen eines Prozesses zum Gericht nach Autun reisen und nahm seine junge Frau dahin mit. Ihr Aufenthalt in Autun dauerte über eine Woche; während er nun seinen Prozeß führte, ging die Frau oft zur Kirche. Bei einem ihrer häufigen Kirchgänge wurde sie von einem reichen und lüsternen Domherrn bemerkt. Er verliebte sich leidenschaftlich in die junge, lebenslustige Frau und brachte sie zu Fall.

Ihr Mann hatte keine Ahnung von diesem Verrat; er ging seinem Prozeß nach und dachte nicht im entferntesten daran, seine Frau zu überwachen. Als die beiden nun wieder heimreisen sollten, geschah dies seitens der Frau nicht ohne Bedauern. Nur das Versprechen des Domherrn, sie bald und oft zu besuchen, beruhigte sie.

Der heilige Mann hielt auch Wort und kam oft zu ihr, indem er zu Hause unaufschiebbare Visitationsreisen vorschützte. Beim Gatten seiner Geliebten gebrauchte er denselben Vorwand, und als sich dies unzählige Male wiederholte und er immer wieder bei ihnen abstieg, faßte der Ehemann Verdacht und traf seine Vorkehrungen. Sobald der Domherr kam, versteckte er seine Frau so, daß sie niemand finden konnte.

Die Frau jedoch, die ohne den Domherrn nicht leben konnte, beschloß zu fliehen, und eines Nachts, als alles schlief, führte sie ihren Plan aus und floh nach Autun. Ihr Geliebter nahm sie mit offenen Armen auf und hielt sie mehr als ein Jahr in seinem Haus verborgen.

Der Gatte suchte sie überall, und als er endlich zur Überzeugung kam, daß sie nur bei dem Domherrn sein konnte, wandte er sich an den Bischof von Autun. Dieser gab seinem gerechten Ansuchen nach, ließ im Haus des Domherrn nachsuchen, und die Sünderin wurde auch richtig dort gefunden. Sie wurde ins Gefängnis gebracht und der Domherr zu harter Buße verurteilt.

Als der Mann vom Geschehenen erfuhr, holte er die Ungetreue aus dem Gefängnis, und nachdem sie versprochen hatte, künftig in Ehren leben zu wollen, nahm er sie heim und setzte sie wieder in ihre Stellung als Hausfrau ein; doch gab er ihr zwei Kammerfrauen, die sie zu überwachen hatten.

Doch so gut sie ihr Mann auch behandelte, die unlautere Liebe zu dem Domherrn erwachte bald wieder in ihr; die Ruhe und Ordnung im Haus erschienen ihr qualvoll. Da sie zudem kinderlos geblieben war, duldete es sie nicht mehr im Hause, und sie brütete über neue Fluchtpläne, die sie auf gelegene Zeit verschob.

Inzwischen führte sie den einleitenden Teil zu ihrer Flucht aus; sie stellte sich krank und spielte ihre Rolle so gut, daß ihr Mann sowie sämtliche Nachbarn sie für todkrank hielten. Sie blieb tagelang im Bett, aß nur wenig, so daß sie krankhaft aussah und ihre Kräfte zusehends abnahmen.

Ihr Mann war darüber sehr unglücklich und schaffte Arzt und Arznei herbei. Nun bat sie ihren Mann, sie ihr Testament machen zu lassen; der arme Tropf erlaubte es ihr unter Tränen. Da sie das Verfügungsrecht über ihre Vermögenshälfte hatte und kinderlos war, verschrieb sie alles, worüber sie verfügen konnte, ihrem Mann und bat ihn noch obendrein, ihr alles an ihm begangene Unrecht zu vergeben.

Als dies geschehen war, ließ sie einen Priester kommen, beichtete aufs tiefste bewegt und erbat sich schließlich das heilige Abendmahl in Gegenwart aller; es blieb bei dieser Gelegenheit kein Auge trocken. Am selben Abend ließ sie sich noch die letzte Ölung geben und bat den Priester, sich zu beeilen, da sie ihr Ende herannahen fühle.

Als diese heilige Handlung vorüber war, bat sie ihren Mann mit erloschener Stimme, sie jetzt ruhen zu lassen und zu Bett zu gehen, da er durch Nachtwachen und

Aufregungen der Ruhe bedürfe. Als er und die Dienerschaft zu Bett gegangen waren und um die Wette schnarchten, stand sie leise auf, öffnete die Gartentür und lief barfuß und nur im Hemd atemlos in Richtung Autun. Der Weg war weit; sie wurde auf ihrer Flucht vom Tag überrascht und mußte sich verbergen.

Als der Tag vollends angebrochen war, sah sie zwei Reiter herankommen. Sie erkannte ihren Mann und dessen Diener und verbarg sich eilends im Schilf eines nahen Sumpfes. Als ihr Mann nahe gekommen war, hörte sie ihn zum Diener sagen:

„Oh, die Elende! Wer hätte glauben können, daß sie bei der gestrigen heiligen Handlung Komödie spielte!"

Der Diener antwortete:

„Wundert Euch nicht über den Verrat einer Frau!"

Als sie vorbei waren, war die Nichtswürdige vergnügter in ihrem Sumpf als in ihrem Bett. Der arme Mann suchte ganz Autun ab, fand aber dort keine Spur von der Flüchtigen. Er kehrte traurig wieder heim, und als sie ihn aus ihrem Versteck wieder vorbeikommen sah, hörte sie, daß er sie mit dem Tod bedrohte.

Sie fürchtete sich ebensowenig vor dieser Drohung wie vor den Unbilden des Wetters, wenn ihr auch vor Kälte und Nässe die Zähne klapperten; das Feuer, das sie verzehrte, mußte sie erwärmen, sonst wäre sie zugrunde gegangen. Als die Nacht hereinbrach, machte sie sich wieder auf den Weg, um Autun zu erreichen. Nach eineinhalbstündigem Lauf kam sie schweißtriefend bei dem Domherrn an, der nicht wenig überrascht war, sie um diese Stunde und in diesem Zustand zu sehen. In einem warmen Bett und bei guter Pflege kam sie bald wieder zu sich und freute sich ihres Glücks.

So verlebte sie fünfzehn Jahre an der Seite ihres Liebhabers. Die erste Zeit mußte sie freilich versteckt leben; später aber verlor sie alle Scheu, spielte sich als die hohe Frau auf und saß in der Kirche in der ersten Reihe vor allen ehrbaren Frauen.

Dann kam auch der Kindersegen. Sie hatte eine Tochter, mit der sie so anmaßend auftrat, daß alles murrte. Endlich wurde ihr Benehmen so frech und herausfordernd, daß sich einige Damen der Stadt entschlossen, bei der Regentin, die mit ihrer Tochter, der Herzogin von Alencon, gerade in Autun weilte, Klage zu führen. Sie wurden von der Herzogin von Alencon empfangen, und die Führerin der Abordnung, die Perette hieß, schilderte in den lebhaftesten Farben den heillosen Unfug im Haus des Kanonikus. Die Herzogin versprach Abhilfe; sie berichtete die Sache auch sofort der Regentin. Diese gab Befehl, die Schuldige sofort rufen zu lassen.

Die Sünderin kam und trat so unverschämt auf, daß die königlichen Damen ganz erstaunt waren. So sagte sie zu ihrer Verteidigung:

„Ich bitte Euch, erlauchte Damen, nicht an meine Ehre zu rühren, denn ich lebe mit dem Domherrn so in Tugend und Ehren, daß mich niemand deshalb tadeln kann; man darf auch nicht glauben, daß wir gegen die Gebote Gottes handeln, denn seit drei Jahren hat er mich nicht berührt, und wir leben in einer so keuschen Liebe wie zwei Engel. Wer uns trennen wollte, würde eine Sünde begehen, denn der Greis zählt fast achtzig Jahre, während ich erst fünfundvierzig Jahre alt bin, und würde ohne mich nicht weiterleben können." Die königlichen Damen waren sprachlos über soviel Frechheit. Sie ließen den Bischof kommen, der die Unglückliche ohne weiteren Prozeß zu einem Jahr Gefängnis bei Wasser und Brot verurteilte. Hierauf holte man den Mann, berichtete ihm alles Vorgefallene und gab ihm die Ermächtigung, seine Frau nach Ablauf ihrer Haft wieder zu sich zu nehmen. Der Domherr, der straflos ausging, dankte dem Bischof, daß er ihm diese Last von den Schultern genommen habe.

Als die Sünderin nach einigen Wochen Haft im Gefängnis weich geworden war, überkam sie eine so große und aufrichtige Reue, daß ihrem Mann erlaubt wurde, sie zu holen und zu sich zu nehmen. Seit dieser Zeit lebten die beiden in Frieden und Eintracht miteinander.

Unerfüllte Leidenschaft

In der Zeit Ludwigs des Zwölften lebte ein junger Edelmann namens d'Avannes, Sohn des Herzogs d'Albret, Bruder des Königs Jean de Navarres; bei dem wohnte der junge Edelmann auch. Dieser junge Mensch war schon im Alter von fünfzehn Jahren so schön und voll Anmut, daß man ihn beim ersten Anblick lieben mußte. Dies taten auch die meisten Frauen, die ihn sahen, und unter diesen in erster Reihe eine hochgeachtete Frau aus Pamplona im Königreich Navarra, die mit einem sehr reichen Mann verheiratet war.

Obwohl sie blühend schön und erst dreiundzwanzig Jahre alt war, während ihr Gatte mehr als das doppelte Alter zählte, lebte sie in allen Ehren und trat sehr bescheiden auf, so daß sie eher einer Witwe glich. Sie ging so selten wie möglich zu Festen und dann nie anders als in Begleitung ihres Mannes, dessen Ehrenhaftigkeit sie der Schönheit aller anderen Männer vorzog. Diese nie Wechseln unterworfene Anständigkeit der Frau hatte den Gatten in solche Sicherheit gewiegt, daß er ihr alle Angelegenheiten seines Hauses ruhig überließ.

Eines Tages ging das Paar zur Hochzeit einer Verwandten. Dieses Fest beehrte auch der junge Edelmann, der als der beste Tänzer in diesen Kreisen galt, mit seiner Anwesenheit. Als es nach der Tafel zum Tanz kam, erbat sich der Gatte der schönen Frau bei Herrn d'Avannes die Ehre, ihm seine Frau vorstellen zu dürfen, um mit ihr zu tanzen.

Der junge Edelmann nahm diese Aufforderung mit Vergnügen an, da er in seinem Alter sich mehr um den Tanz als um die Huldigung der Frauen kümmerte.

Als er in die schönen Augen seiner Tänzerin sah, durchzuckte es ihn eigentümlich, und auch sie fühlte eine sonderbare Erregung, als sie am Arm des Prinzen durch den Saal schwebte; sie hatte denselben Eindruck und dieselbe Empfindung, wie sie dies schon bei der Vorstellung des anmutvollen Prinzen gefühlt hatte.

Als es zum Mahl kam, verließ der Prinz das Fest und wurde, wie dies üblich war, von einem der angesehensten Verwandten des Brautpaares zurückbegleitet. Dies war der Gatte seiner schönen Tänzerin, der ihn auf seinem Maultier zum Schloß zurückbrachte. Unterwegs sagte er zum Prinzen:

„Ihr habt heute meinen Verwandten und mir so viel Ehre erwiesen, daß es von mir undankbar wäre, wenn ich Euch nicht bäte, in Zukunft ganz über mich zu verfügen; ich weiß, mein Prinz, daß Ihr einen geizigen und strengen Vater habt und Ihr deshalb oft in Geldverlegenheit seid. Nun ist's bei mir so, daß ich wohl mit Glücksgütern gesegnet bin, eine schöne, gute Frau besitze, doch hat mir Gott den Kindersegen versagt; ich möchte deshalb, da ich Euch leider nicht adoptieren kann, Euch den Antrag machen, Euch ein zweiter Vater zu sein und Euch hunderttausend Taler meines Vermögens zur Verfügung stellen, damit Ihr standesgemäß leben könnt."

Dem jungen Edelmann paßte dieser Antrag vortrefflich, denn er hatte tatsächlich einen geizigen Vater. Er dankte dem hochherzigen Mann aufs wärmste und betrachtete ihn von diesem Augenblick an als seinen zweiten Vater. Auch der Mann faßte große Zuneigung zu dem Prinzen und öffnete ihm früh und spät seinen Geldbeutel; er machte seiner Frau gegenüber kein Geheimnis daraus, und diese liebte ihren Gatten deshalb um so mehr.

Von dieser Zeit ging dem Prinzen nichts mehr ab, und er war ein oft gesehener Gast bei seinem zweiten Vater; wenn dieser nicht zu Hause war, gab ihm dessen Frau, was er brauchte und obendrein noch gute Lehren, so daß er sie herzlich liebte. Ihre Neigung zu dem jungen Prinzen war ehrenhaft, und sie war ihm nur in schwesterlicher Liebe zugetan.

Der Prinz führte ein beneidenswertes Dasein, hatte die Taschen immer voll Gold, und als er so siebzehn Jahre alt geworden war, begann er sich nach Frauenliebe zu sehnen. Er dachte zuerst an seine schöne Wohltäterin; doch fürchtete er, ihre Freundschaft zu verlieren, wenn er ihr seine Liebe erklärte. Er schwieg deshalb und trug sein Liebessehnen anderswohin. Diesmal war der Gegenstand seiner Flamme eine schöne Schloßbesitzerin in der Umgegend von Pamplona, deren Mann allem möglichen Zeitvertreib huldigte und Jagd, Pferde und Hunde über alles liebte. Der Frau zuliebe veranstaltete der Prinz allen möglichen Unsinn, wie Turniere, Wettrennen, Maskenbälle und andere Feste, bei welchen selbstverständlich seine neuen Freunde nie fehlten. Da ihre Eltern jedoch ihre Leichtfertigkeit kannten und ihre Ehre streng behüteten, waren sie ihr immer zur Seite, so daß der Prinz an andere Mittel denken mußte, um ihr näherzukommen. Er ging zu seinem zweiten Vater und sagte ihm, er wolle eine Wallfahrt zu dem Kloster Montferrat machen; seine Beschützerin, in deren Herzen der scharfsichtige Gott Amor wohnte, erriet seinen Plan und sagte zu ihm:

„Was sagt Ihr uns da? Der Gegenstand Eurer Anbetung ist nicht in Montferrat, sondern in nächster Nähe unserer Stadt."

Der Prinz, der die gute Frau ebenso fürchtete wie er sie liebte, errötete und gestand dadurch die Wahrheit. Er ging und kaufte zwei edle Pferde, verkleidete sich als Stallknecht und ging so mit seinen Pferden zu dem Mann seiner Flamme, der als großer Pferdeliebhaber bekannt war, und bot ihm seine Pferde zum Kauf an; sie wurden bald handelseinig, und da der Käufer sah, daß der Junge mit den Pferden sehr gut umzugehen wußte, fragte er ihn, ob er nicht in seine Dienste treten wolle.

Darauf hatte der Prinz seinen Plan gebaut, und er nahm den Antrag sofort an. Er wartete dann auf eine günstige Gelegenheit, um sich der Frau zu zeigen. Diese ließ nicht lange auf sich warten. Nach einigen Tagen schon verreiste sein neuer Herr, und als die Dame in den Stall kam, nahm der Stallknecht Bart und Maske ab und gab sich ihr zu erkennen.

Ihre Freude war groß, und das so vereinigte Paar wartete jetzt nur noch auf eine günstige Gelegenheit, um einander anzugehören. Diese bot sich schon an einem der nächsten Tage. Sie war mit ihrem Mann und ihren Eltern zu einem Fest in der Nähe eingeladen und stellte sich am Abend des Festes plötzlich unwohl. Ihr Mann ging mit den Eltern zu dem Fest. Kaum war ihr Mann zum Tor hinaus, als sie in den Stall eilte, um ihrem Prinzen die willkommene Botschaft zu bringen, und ihm auftrug, in einer Stunde zu ihr zu kommen.

Sie schickte hierauf die Dienerschaft zu Bett, und als die Stunde verflossen war, kam unser Prinz angeschlichen, entkleidete sich eilends und kroch zu ihr ins Bett. Sie nahm ihn auf, wie man einen jungen und schönen Edelmann, den man liebt, aufzunehmen pflegt, und er blieb bei ihr bis zu der Zeit, da ihr Mann zurückkehren sollte; dann maskierte er sich wieder als Stallknecht und verließ die Stätte des Vergnügens.

So ging es eine Weile, und Mann, Frau und Stallknecht lebten in ungetrübter Harmonie.

Der Mann war fern von jedem Verdacht, um so mehr, als die Frau, die früher Tanz und Feste geliebt hatte, jetzt sehr häuslich geworden war; dies ging so weit, daß sie jetzt nur einen Schlafrock über ihrem Hemd trug, während sie früher mehr als vier Stunden zu ihrer Toilette gebraucht hatte. Ihr Mann und ihre Eltern sahen dies mit Vergnügen und hatten keine Ahnung vom Grund dieser Veränderung.

So lebte sie unter der Maske einer ehrbaren Frau in so ungebundener Ausschweifung, daß sie Vernunft, Gewissen und Scham ganz verließen.

Der noch junge und zarte Prinz konnte die Ausschweifungen auf die Dauer nicht ertragen; er magerte zusehends ab und begann zu kränkeln, so daß man ihn gar nicht wiedererkannte. Die Leidenschaft zu dieser Frau machte ihn blind, und so sah er seinen Verfall nicht und vergeudete weiter seine besten Kräfte. Nach kurzer Zeit war er so elend, daß ihn selbst die Dame, welcher der schwächliche Zustand ihres Geliebten nicht in den Kram paßte, bat, heimzukehren und sich zu pflegen.

Nun erbat er sich Urlaub von seinem Herrn, der ihm mit Bedauern gewährt wurde und an die Bedingung geknüpft war, so bald wie möglich in seinen Stall zurückzukehren.

D'Avannes kehrte nach Pamplona zurück und begab sich zuerst in das Haus seines zweiten Vaters. Er fand bloß die Frau zu Hause, zu der seine Liebe nicht geschwunden war. Als sie ihn so elend erblickte, bekreuzigte sie sich und rief:

„Ich weiß nicht, wie es mit Eurem Gewissen steht, aber mit Eurer Gesundheit sieht es nach Eurer Wallfahrt schlecht aus. Die vielen Nachtreisen scheinen Euch ganz erschöpft zu haben; und wäret Ihr selbst zu Fuß in das heilige Land gezogen, würdet Ihr vielleicht müder, aber nicht so abgemagert und schwach sein! Geht in Euch, und betet nicht mehr Bilder an, die, statt Tote zu erwecken, den Lebenden das Mark aussaugen — ich könnte Euch darüber mehr sagen, aber Ihr seid genug bestraft, und ich will Euch kein neues Leid zufügen."

Als der junge Edelmann das vernahm, war er ebenso beschämt wie betrübt und entgegnete der guten Frau:

„Ich habe immer gehört, daß die Reue der Sünde auf dem Fuß folgt; jetzt erlebe ich es an mir — vergebt mir, was ich getan habe, und verzeiht mir meiner Jugend wegen; ich bin hinreichend gestraft."

Die gute Frau brachte ihn zu Bett, pflegte und kräftigte ihn, und die beiden wackeren Leute wachten abwechselnd an seinem Lager.

Trotz seiner tollen Streiche hatte sich die tugendhafte Liebe der guten Frau zu ihm nicht vermindert; sie hoffte, daß er sich nach diesen Ausschweifungen bessern und sie zu lieben beginnen würde, um auf diese Weise ihm anzugehören. Während der vierzehn Tage, die er bei ihr verbrachte, sprach sie von tugendhafter Liebe, so daß er Ekel über seine begangenen Torheiten empfand, und je mehr er die junge Frau, die an Schönheit und Anmut die andere, frivole Dame in den Schatten stellte, betrachtete, desto mehr war ihm ihre Anmut und Tugend klar. Eines Abends, als es schon dunkelte, überwand er seine Scheu und sagte zu ihr:

„Ich sehe kein anderes Mittel, um so gut und tugendhaft zu werden, wie Ihr es von mir wünscht, als daß ich mein Herz in tugendhafter Liebe Euch zuwende — steht mir darin bei, und es wird mir sicherlich gelingen!"

Die junge Frau war glücklich über diese Sinnesänderung und entgegnete:

„Wenn dem so ist, verspreche ich, Euch darin mit allen meinen Kräften zu unterstützen."

„Nun denn", erwiderte der Prinz, „erinnert Euch Eures Versprechens; die Tugend, der ich mein Leben fortan weihen will, muß eine materielle Gestalt annehmen, und das seid Ihr — es ist die beste, die sie finden konnte, denn ich sehe in Euch nicht bloß die tugendhafte Frau, sondern die Tugend selbst, und da ich sie in der schönsten Hülle sehe, will ich ihr immer dienen und fortan alle lasterhafte Liebe aufgeben."

Die junge Frau war von diesen Worten ebenso überrascht wie befriedigt, verbarg dies jedoch und sagte:

„Mein Prinz, ich kann auf Eure hochgeistigen Ausführungen nicht antworten; ich weiß, daß ich eine Frau bin, und glaube, daß die Tugend kein so unvollkommenes Geschöpf zum Modell nimmt, wie ich es bin; aber selbst in meiner Unvollkommenheit fühle ich eine große Zuneigung zu Euch, wie sie eben eine ehrenhafte Frau haben darf. Diese Zuneigung widme ich Euch, und Ihr werdet sie erst in ihrem ganzen Umfang empfinden, wenn Euer Herz für die Geduld empfänglich sein wird, welche die tugendhafte Liebe verlangt. Seid jedoch versichert, daß niemand für Euer Wohlergehen wie für Eure Ehre besorgter sein kann als ich."

Der Prinz, gerührt von solchen Gefühlen, bat sie schüchtern und tränenden Auges, sie möge ihn zur Bekräftigung ihrer Worte küssen. Doch sie verweigerte ihm dies unter dem Vorwand, sie dürfe nicht die Sitten des Landes verletzen.

Da trat ihr Mann herein, und d'Avannes wandte sich an ihn mit den Worten:

„Mein Vater, ich bin Euch beiden so nahegekommen, daß ich Euch bitte, mich als Euren Sohn zu betrachten."

Der gute Alte ging gerührt darauf ein und küßte den Prinzen väterlich. Hierauf meinte der Prinz in schlauer Weise:

„Wenn ich nicht befürchten würde, die Sitten des Landes zu verletzen, möchte ich auch Eure Frau, meine Mutter, küssen."

Der Mann bat nun seine Frau, den Prinzen gleichfalls zu küssen. Sie tat dies, ohne zu zögern.

Mit diesem lang begehrten und anfangs so hartnäckig verweigerten Kuß verdoppelte sich das Liebesfeuer, das im Prinzen für sie glühte.

Kurze Zeit danach begab sich der Prinz zu seinem Bruder, dem König, und erzählte ihm viel von seiner angeblichen Wallfahrt nach Montferrat. Der König sagte ihm, daß er nach Olly und Taffares zu reisen gedenke und ihn mitzunehmen beabsichtige. Als der Prinz dies vernahm, verfiel er in große Schwermut, da er voraussah, daß seine Abwesenheit eine lange sein würde. Er beschloß, vor seiner Abreise noch einen Versuch zu wagen, ob er sie nicht besitzen könne. Um diesen Versuch auszuführen, legte er an den Pavillon, in welchem er wohnte, Feuer.

Als sein zweiter Vater von diesem Brand hörte, eilte er mit seinen Leuten dorthin und fand den Prinzen, der im Hemd auf der Straße stand; er warf ihm seinen Mantel um und ließ ihn so in sein Haus bringen, während er noch beim Löschen des Feuers verblieb.

Kaum war der Prinz im Haus, als er ins Schlafzimmer der Frau schlich und sich zu ihr ins Bett legte.

Als dies die Frau zu ihrem Entsetzen gewahrte, sprang sie auf der andern Seite aus dem Bett, legte schnell ihren Schlafrock an und sagte zu dem Prinzen:

„Ihr habt geglaubt, mein Prinz, daß die Gelegenheit ein keusches Herz schwankend machen könne. Wie das Gold im Schmelzofen erprobt wird, ebenso wird ein ehrbares Herz in der Versuchung geprüft und erkaltet, wenn es bedrängt wird. Wenn Ihr wollt, daß ich Euch meine Zuneigung bewahre, bitte ich Euch, solche Gedanken und solche Absichten aufzugeben."

Er war ganz verzweifelt über diesen Mißerfolg und befürchtete, daß dieser Versuch ihn des vertraulichen Umgangs mit ihr berauben würde; er verbrachte den Rest der Nacht weinend, und als er am nächsten Morgen den Mann zum Abschied umarmte, küßte er auch die Frau und fühlte im Kuß, daß sie ihm vergeben hatte, was das Feuer seiner Liebe noch mehr schürte.

Am selben Nachmittag zog er mit dem König nach Taffares. Bevor er abreiste, ging er nochmals zu seinem zweiten Vater und küßte ihn sowie dessen Frau aufs neue.

Als der Prinz fort war, sehnte sie ihn herbei, und es begann der Kampf der zurückgehaltenen Liebe in ihr zu toben; und als schließlich der Kampf zwischen Ehre und Liebe für sie unerträglich wurde, verwandelte sich ihre Sehnsucht in unausgesetztes Fieber; ihre Glieder erkalteten, während in ihrem Innern ein verzehrendes Feuer wütete.

Die Ärzte, die herbeigerufen wurden, waren völlig ratlos und konnten sich über die Art ihrer Krankheit nicht aussprechen. Sie verfiel rasch, und bald ging es ihrem Ende entgegen.

Der Mann war untröstlich und schrieb an den Prinzen, zu der Sterbenden zu eilen; vielleicht würde das der Krankheit Einhalt tun. Als der Prinz die Botschaft empfing, eilte er nach Pamplona, doch bei seiner Ankunft war die geliebte Frau ihrem Ende nahe.

Der alte Mann sank ihm weinend in die Arme und führte ihn an das Bett der Sterbenden. Als diese den Prinzen wiedersah, flammte ihr fast erloschenes Auge wieder auf; sie zog ihn zu sich nieder und küßte ihn zärtlich, indem sie leise sagte:

„Jetzt, Prinz, ist die Stunde gekommen, da alle Verstellung schwindet und ich die Wahrheit, die ich Euch verbarg, gestehen muß. Ich weiß, Ihr habt mich geliebt; wißt denn, daß ich Euch nicht minder zugetan war: Mein Kummer war größer als der Eure, denn ich war gezwungen, meine Liebe zu unterdrücken, denn Gott und meine Ehre verboten mir, Euch auf diesem Weg zu folgen und Euch dies zu enthüllen; auch hätte ich dadurch Euer Verlangen nur vermehrt, statt es zu vermindern, wie ich es anstrebte. Das ist die wahre Ursache meines Todes. Ich bin ja ganz zufrieden, daß mir Gott die Kraft verlieh, keinen Schatten auf mein Gewissen und meinen Ruf zu werfen, obwohl von geringerem Feuer als dem meines Herzens schon stärkere Seelen untergegangen sind. Ich sterbe zufrieden, da ich Euch vor meinem Tod meine Liebe, die der Euern sicherlich gleichkommt, offenbaren konnte. Eure Schönheit, Anmut und Herzensgüte verdienen, daß Ihr guten Lohn empfangt; erinnert Euch an meine Festigkeit und nennt nicht Grausamkeit, was Tugend und Ehrenhaftigkeit war. Und nun lebt wohl; ich bitte Euch, meinen Mann zu lieben; gesteht demselben nach meinem Tode die ganze Wahrheit, damit er sieht, wie sehr ich Gott und ihn geliebt habe! Kommt nicht mehr hierher, denn ich will in meiner letzten Stunde nur an Gott denken. Lebt wohl!"

Nach diesen Worten zog sie ihn an sich und küßte ihn zum letzten Mal. Der Prinz war vom Schmerz überwältigt; er wankte zu einem Lager, und seine Tränen flossen reichlich.

Die Sterbende ließ nun ihren Gatten kommen, tröstete ihn und empfahl ihm den Prinzen, der, wie sie sagte, ihr nach dem Gatten der Teuerste auf Erden war — dann küßte sie ihn und sagte ihm ein letztes Lebewohl.

Als ihr das heilige Abendmahl gereicht wurde, rief sie: „Herr, dir vertraue ich meine Seele."

Bei diesem Ausruf blickte der Prinz voll Schmerz zu ihr hin und sah, wie sie zurückfiel; das Leben hatte sie verlassen. Er stürzte zu dem Bett, umarmte und küßte die Hingeschiedene mit solcher Heftigkeit, daß man Mühe hatte, ihn von der Toten zu entfernen.

Der alte Herr war tief bewegt; er hatte nicht gedacht, daß die Anhänglichkeit des Prinzen so groß war.

Nachdem der Gatte um die Frau, der Prinz um die verlorene Geliebte still geweint hatten, erzählte d'Avannes dem Gatten die ganze Geschichte ihrer Freundschaft und wie würdig sie bis zum letzten Atemzug ihre Ehre erhalten hatte. Der Schmerz des Gatten wurde verdoppelt, und er widmete den Rest seines Lebens dem Prinzen, der zu jener Zeit nicht mehr als achtzehn Jahre zählte.

Der Prinz, voll Trauer im Herzen, ging an den Hof zurück, kümmerte sich jedoch um keine der Frauen und trug volle zwei Jahre Trauerkleidung wegen seiner verlorenen Freundin.

Das Schicksal schlägt zu

In der Zeit Ludwigs des Zwölften und während der Neffe des päpstlichen Legaten namens Georg aus dem Haus Amboise in Avignon residierte, lebte im Languedoc eine hohe Dame, deren Namen aus Respekt vor ihrer Familie verschwiegen werden soll. Sie verlor ihren Mann bald nach der Heirat und beschloß aus Liebe zu ihrem verstorbenen Gatten sowie ihrem einzigen Sohn, sich nicht wieder zu vermählen. Um jeder Versuchung aus dem Weg zu gehen, lebte sie ganz zurückgezogen und verkehrte nur in frommen Kreisen, da sie wohl wußte, daß Gelegenheit der Sünde die Tore öffnet. So hatte sie sich ganz einem gottgefälligen Leben geweiht und mied alle weltliche Gesellschaft.

Als ihr Sohn sein siebtes Jahr erreicht hatte, nahm sie einen Mann von frommem Lebenswandel als Hofmeister ins Haus, der den Knaben in allen Wissenschaften und guten Werken unterweisen sollte.

Als der Knabe sein vierzehntes Jahr zurückgelegt hatte, lehrte ihn die Natur ihre Geheimnisse, die auf fruchtbaren Boden bei dem frühreifen Jungen fielen; sie lehrte ihn Dinge, die ihm sein würdiger Hofmeister sicherlich nicht beigebracht hatte. Er begann die Mädchen mit anderen Augen als bisher anzusehen und zu begehren. Unter anderen gehörte dazu auch eine junge und hübsche Zofe seiner Mutter, die im Zimmer ihrer Herrin schlief. Niemand dachte daran, sich vor ihm zu hüten, denn man betrachtete ihn noch als Kind; überdies hörte man im Haus nur von Gott und guten Werken sprechen.

Der frühreife Knabe begann das Mädchen endlich zu bedrängen, so daß diese es ihrer Herrin meldete. Die Mutter liebte aber ihren Sohn so, daß sie ihr nicht glauben wollte und an eine gehässige Verleumdung glaubte. Als jedoch das Mädchen mit neuen Klagen an sie herantrat, sagte die Mutter: „Ich will schon herausbekommen, ob etwas Wahres daran ist, und werde ihn in diesem Fall züchtigen; beschuldigt Ihr ihn aber fälschlich, soll die Strafe Euch treffen!"

Darauf befahl sie dem Mädchen, dem Sohn gegenüber Zustimmung zu heucheln und ihn einzuladen, um Mitternacht zu ihr ins Bett zu kommen, das nahe der Tür stand.

Das Mädchen befolgte den Befehl ihrer Herrin genau. Als der Abend kam, legte sich die Dame an des Mädchens Stelle in deren Bett, entschlossen, wenn ihr Sohn käme, ihn so zu strafen, daß ihm die Lust, mit Frauen zu schlafen, vorläufig vergehen sollte. Zur bestimmten Zeit kam der Sohn hereingeschlichen und legte sich zu ihr ins Bett.

Ob sie nun glaubte, daß er nichts Unehrenhaftes tun würde, oder ob sie nicht sprach, um volle Gewißheit seiner Absichten zu erlangen, oder nicht glaubte, daß in seinem Alter die Begierden schon entwickelt waren — kurzum, sie sprach nichts und blieb den Begierden des jungen Menschen so lange unterworfen, bis sich plötzlich die Natur in ihr aufbäumte, der Zorn der Mutter schwand und sie zuerst eine stumme Zustimmung und hierauf eine nicht zu bezähmende Liebeslust sowie unendlicher Genuß überwältigte. Und wie die Fluten, wenn sie mit Gewalt zurückgehalten werden, nur um so heftiger losstürmen, wenn sie freien Lauf haben, so schwand auch plötzlich bei ihr alle Zurückhaltung und jeder Zwang, die sie sich bisher auferlegt hatte, und sie gab sich ganz dem Sinnestaumel hin. So wurde sie geschwängert. Kaum war die Sünde begangen, als sich auch schon Reue und Gewissensbisse einstellten und sie sich von der Seite ihres Sohnes, der in ihr das junge Mädchen gesehen hatte, losriß, in ein anstoßendes Zimmer flüchtete und dort die ganze Nacht weinte.

Als der nächste Morgen anbrach, rief sie den Erzieher ihres Sohnes zu sich und sagte zu diesem:

„Mein Sohn ist nun herangewachsen, und es ist Zeit, daß er aus dem Elternhaus kommt. Einer unserer Verwandten steht mit der Abteilung des Heeres, die der Konnetable von Chaumont befehligt, jenseits der Alpen; er wird einverstanden sein, meinen Sohn in sein

Gefolge einzureihen. Reist deshalb noch heute mit ihm dorthin; er braucht nicht erst zu mir zu kommen, um mir Lebewohl zu sagen, denn dies würde den Trennungsschmerz nur noch erhöhen."

Daraufhin händigte sie dem Hofmeister eine Summe Geldes ein und ließ die beiden ohne Verzögerung abreisen.

Der junge Mann war sehr zufrieden; er wünschte nichts sehnlicher, als jetzt, da er die Liebe kennengelernt hatte, auch das Kriegshandwerk zu lernen.

Sie lebte fortan in tiefster Schwermut und hätte, wenn sie nicht an Gottes Strafe gedacht hätte, sicherlich ihre keimende Leibesfrucht beseitigt.

Sie stellte sich krank, um die Spuren ihrer Schwangerschaft zu verbergen. Als die Zeit ihrer Niederkunft herannahte und sie sich niemandem entdecken konnte, rief sie ihren Halbbruder, den sie immer mit Wohltaten überhäuft hatte, zu sich, und erzählte ihm ihr Mißgeschick, verschwieg aber natürlich, daß ihr Sohn der Schuldige sei, und bat den Bruder, ihr zu helfen und ihr zur Rettung ihrer Ehre beizustehen.

Er führte dies auch durch, indem er sie einige Zeit vor ihrer Niederkunft in sein Haus brachte; dort fand sie eine Hebamme, die angeblich zur Frau ihres Bruders gerufen wurde.

Diese stand ihr, ohne sie zu kennen, in der schweren Stunde hilfreich bei; das neugeborene Kind war ein schönes Mädchen. Der Edelmann übergab das Kind einer Amme und ließ es unter fremdem Namen erziehen.

Nachdem die unglückliche Mutter noch einen Monat im Haus ihres Bruders verblieben war, kehrte sie in ihr eigenes Haus zurück und lebte in Frömmigkeit und Buße weiter.

Nach Verlauf einiger Jahre, als die italienischen Kriege aufgehört hatten, ließ der Sohn seiner Mutter den Wunsch mitteilen, ins väterliche Haus zurückzukehren.

Da sie aber fürchtete, in seiner Anwesenheit schwach zu werden und in das alte Übel zurückzufallen, schrieb sie ihm, er dürfe nur an der Seite einer Gattin heimkehren; er möge sich eine Frau nach Herzenslust wählen, doch müsse sie von Adel sein; auf Reichtümer könne er verzichten, da er selbst reich genug sei.

Während dieser Zeit war auch das Mädchen, das den Namen Katharina führte, herangewachsen und schön und anmutig geworden; ihrem Adoptivvater war es gelungen, sie bei der Königin von Navarra unterzubringen. Sie verblieb dort am Hof, bis sie ihr fünfzehntes Jahr erreicht hatte, und war so schön, sittsam und reizvoll, daß die Königin warme Freundschaft für das Mädchen empfand und ihr einen Gatten suchte; da Katharina aber arm war, fand sie wohl viele Anbeter, aber keinen Mann.

Da kam eines Tages unser junger Edelmann, aus Italien zurückkehrend, an den Hof der Königin von Navarra und verliebte sich, als er das Mädchen sah, bis über die Ohren in sie — die seine eigene Tochter war. Da er von seiner Mutter die Erlaubnis hatte, zu heiraten, wen er wolle, erkundigte er sich, ob sie von adeliger Herkunft sei. Und als ihm dies bestätigt wurde, erbat er sich Katharina von der Königin zur Frau. Diese genehmigte seine Bitte, da sie den jungen Edelmann als reich und ehrenhaft kannte.

Als die Ehe geschlossen war, berichtete er dies seiner Mutter und fügte hinzu, daß sie ihm jetzt ihr Haus wohl nicht verschließen würde, da er ihr eine Schwiegertochter zuführe, wie sie es nur wünschen konnte.

Als sie seinen Brief empfing, erkannte sie, daß ihr Sohn ihrer beider Tochter geheiratet hatte. Ihre Verzweiflung war so groß, daß sie sterben wollte; sie glaubte, daß die Vorsehung, um sie zu strafen, die Hand hierbei im Spiel gehabt habe. In ihrer Herzensnot begab sie sich zum päpstlichen Legaten nach Avignon, dem sie ihre Sünde und die ganze Reihe ihres Mißgeschicks beichtete und ihn fragte, was sie beginnen solle.

Der Legat, über den sonderbaren Fall erstaunt, beriet sich hierüber mit einigen Gottesgelehrten, denen er ohne Namensnennung die Angelegenheit unterbreitete. Ihre Entscheidung war die, daß jene Dame ihren Kindern nie etwas hierüber mitteilen sollte; die Kinder seien von der Sünde frei, da sie nichts wüßten; sie selbst aber möge ihr Leben lang Buße tun.

Die beklagenswerte Frau kehrte zurück. Kurze Zeit darauf kam der Sohn mit seiner jungen Frau ins Elternhaus. Das junge Paar liebte sich leidenschaftlich — sie, seine Tochter, seine Schwester und Frau zugleich; er dagegen ihr Vater, Bruder und Gatte.

Wenn die Mutter die Liebkosungen ihrer Kinder sah, schlich sie sich weg und weinte.

Die Rache einer verschmähten Frau

Im Herzogtum Burgund lebte ein ebenso hervorragender wie anmutiger Fürst, der eine Frau geheiratet hatte, deren besondere Schönheit ihn über ihr wahres Wesen hinwegtäuschte. Er wünschte nur, ihr zu gefallen, und sie tat, als wäre sie ihm mit gleicher Liebe zugetan.

Nun lebte in dem Haus des Fürsten ein junger Edelmann, der alle Vorzüge und Tugenden in sich vereinigte. Er wurde von allen geliebt, namentlich vom Fürsten, der ihn aufgezogen hatte und der ihn wegen seiner seltenen Vorzüge überaus schätzte. Die Fürstin jedoch, die weder das Herz noch die anderen Eigenschaften einer tugendhaften Prinzessin besaß, liebte den jungen Edelmann auf ganz andere Weise. Es keimte verbotene Liebe in ihrem lüsternen Sinn für den jungen Kavalier.

Sie begann, als der Drang bei ihr unwiderstehlich wurde, ihm das anzudeuten; bald durch liebeverheißende Blicke, bald durch Seufzer und leidenschaftliches Mienenspiel. Er sah das alles wohl, doch wollte sein reines Herz an solche Verderbtheit bei der Fürstin nicht glauben, und er blieb kalt und undurchdringlich.

Durch die Teilnahmslosigkeit des Ritters gereizt, wurde die Fürstin wütend, und dies trieb sie eines Tages zum Entschluß, sich ihm zu erklären, um sich so der Last, die in ihrem Herzen oder richtiger in ihren Sinnen lag, zu entledigen und dem Mann, den zu besitzen sie sich geschworen hatte, entgegenzukommen statt seine Huldigung abzuwarten.

So ließ sie, als eines Morgens ihr Gatte im Rat war, den Ritter zu sich bescheiden. Er kam nichtsahnend, indem er einen Befehl der Fürstin erwartete. Doch sie nahm seinen Arm, führte ihn zum Balkon des Schlosses und sagte zu ihm:

„Ich bin erstaunt, daß Ihr, so jung, so schön und voll ritterlicher Tugenden, so lange in dieser hohen Gesellschaft, wo so viele schöne Frauen vereinigt sind, gelebt habt, ohne Euch verliebt zu haben!" Dabei sah sie ihn zärtlich an und ließ ihm Zeit, die von ihr erhoffte Antwort zu geben.

Endlich entgegnete er voll Bescheidenheit:

„Edle Frau, wenn ich würdig wäre, daß sich Eure Hoheit bis zu mir erniedrigte, hättet Ihr noch mehr Veranlassung, überrascht zu sein, wenn ein so Unwürdiger jemandem seine Dienste als Ritter anböte, um Abweisung und Spott zu erfahren."

Der Herzogin gefiel diese Antwort, und ihre Leidenschaft wurde durch diese Zurückhaltung nur noch erhöht.

Sie beteuerte ihm, daß es an ihrem Hof keine Dame gäbe, die es sich nicht zum Glück anrechnen würde, einen solchen Ritter zu besitzen. Er möge es nur wagen; er würde mit Ehren und ohne jede Gefahr aus einem solchen Abenteuer hervorgehen.

Der Edelmann senkte bei dieser unverblümten Erklärung die Augen zu Boden und wagte nicht, sie anzusehen, da sie ihren Blick leidenschaftlich auf ihn geheftet hatte. Glücklicherweise erschien in diesem Augenblick ein Diener in der Galerie, der die Fürstin im Auftrag des Herzogs suchte. Sie konnte ihren Ärger nicht verbeißen und ging, wobei sie einen letzten flammenden Blick auf den Edelmann warf; doch er tat so, als hätte er nicht begriffen, was die Fürstin, die alles auf seine Schüchternheit schob, in Wut versetzte.

An einem der nächsten Tage, als sie sah, daß er ihre Andeutungen noch immer nicht verstanden hatte, entschloß sie sich, weder Furcht noch Scham zu haben und ihm ihre Leidenschaft ohne Rückhalt zu gestehen, da sie die Überzeugung hegte, daß er eine Frau wie sie nicht zurückweisen könnte. Sie hätte es freilich vorgezogen, sich bitten zu lassen; doch da dies nicht geschah, ließ sie um den Genuß die Ehre fallen.

Sie suchte seine Begegnung und versuchte von neuem, ihm ihre Liebe begreiflich zu machen. Als er darauf ausweichend antwortete, nahm sie ihn am Arm und sagte ihm, er möge ihr folgen, sie hätte ihm Wichtiges zu sagen.

Der Edelmann folgte ihr in eine Fensternische, und

dort machte sie ihm mit zwischen Begehren und Furcht schwankender Stimme den Vorwurf, daß er noch immer keine Wahl unter den Damen getroffen habe, und versicherte ihm, wer auch immer es sei, auf die seine Wahl fiele, wolle sie ihm zu deren Besitz verhelfen.

Der Ritter, ebenso überrascht wie erzürnt, erwiderte ihr:

"Edle Frau, ich würde mich nie trösten, wenn ich trotzdem zurückgewiesen würde; zudem bin ich so gering, daß keine Dame dieses Hofes mich als Ritter annähme!"

Nach dieser Antwort glaubte die Fürstin ihres Sieges sicher zu sein und versicherte ihm, daß, wenn er wolle, ihn die schönste Dame des Hofes mit Freuden empfangen und er von ihr alles erwünschte Glück erhalten könne.

Daraufhin entgegnete er:

"Hohe Frau, ich glaube nicht, daß es an diesem Hof eine so unglückliche und blinde Dame gibt, die an mir Gefallen fände."

Als die Fürstin aus dieser Antwort ersah, daß er sie nicht verstehen wollte, lüftete sie den Schleier ganz und flüsterte ihm in leidenschaftlichem Ton zu:

"Und wenn Euch das Glück so begünstigte und ich es selbst wäre, die Euch gut ist, was würdet Ihr sagen?"

Der Edelmann, dem dieses Geständnis nach allem, was voranging, nicht unerwartet kam, sagte hierauf, das Knie beugend:

"Hohe Frau, wenn ich so glücklich wäre, gleichzeitig mit der Gunst des Herzogs, meines Herrn, auch die Eure zu genießen, würde ich mich zu den Glücklichsten zählen; es wäre die Belohnung meiner Ergebenheit, mein Leben für Euch beide einzusetzen. Euer Gemahl hat mich von Kindheit an erzogen und zu dem gemacht, der ich bin. Ob es nun seine Frau, Tochter, Schwester oder Mutter sei, ich würde eher sterben, als an dieselben mit anderen Gedanken als denen eines treuen Dieners heranzutreten."

Als sie sah, daß sie sich einer entehrenden Zurückweisung aussetzte, wenn sie weiter in ihn drang, unterbrach sie ihn mit den Worten:

„O Ihr eitler Tor, wer bittet Euch um etwas? Ihr glaubt, Eurer Schönheit wegen von jeder Fliege, die herumfliegt, geliebt zu werden; und wenn Ihr so verwegen wärt, Euch an mich zu wenden, würde ich Euch zeigen, daß ich niemanden als meinen Gatten liebe und lieben will! Alles, was ich sagte, war nur ein Scherz von mir, um Euch auszuhorchen und dann zu verspotten, wie ich es mit allen albernen Verliebten mache!"

„Hohe Frau", entgegnete darauf der junge Mann, „so dachte ich es mir auch und glaube es, wie Ihr sagt."

Sie verließ den armen Edelmann, ohne ihn weiter anzusehen, und kehrte in ihre Gemächer zurück, wo sie vor Wut weinte und an Selbstmord dachte. Schließlich aber verwarf sie diese finsteren Pläne, um sich zu rächen. Sie erschien nicht zum Abendessen, wo der Ritter aufwartete.

Der Herzog, dessen Besorgnis um seine Frau mit seiner Liebe gleichen Schritt hielt, eilte zur Fürstin. Sie log ihm vor, daß sie ihrer vorgerückten Schwangerschaft wegen leidend sei. Daraufhin verblieb sie einige Tage im Bett, was die Besorgnis des Herzogs nur noch erhöhte, und da sie nicht zu weinen aufhörte, sagte er schmerzlich zu ihr:

„Meine süße Frau, Ihr wißt, daß ich Euch mehr als mein Leben liebe und ich nicht weiterleben würde, wenn Ihr sterbt. Sagt mir also, warum Ihr weint und schluchzt; ich kann nicht glauben, daß Euer Zustand Euch so unglücklich macht!"

Da sie dies für den richtigen Augenblick hielt, sich an dem zu rächen, der sie verschmäht hatte, benützte sie die Gelegenheit, warf sich weinend an den Hals des Gatten und sagte:

„Mein Leid kommt daher, daß ich Euch von dem verraten sehe, der Eure Ehre hochhalten sollte!"

Der Herzog drang nun in sie, sich zu erklären und

ihm furchtlos die Wahrheit zu enthüllen. Sie weigerte sich anscheinend, dies zu tun; doch als er weiter in sie drang, rief sie:

„Ich würde mich nicht wundern, wenn Euch Fremde anfeinden würden oder die Euren verderben wollten; aber daß der Edelmann, den Ihr wie einen Sohn behandelt" — hier nannte sie den Namen des Verhaßten — „es wagt, die Ehre Eures Hauses, Eurer Frau und Kinder anzutasten, diese Schmach kann ich nicht verschmerzen! Obgleich der Elende mir schon seit geraumer Zeit durch Mienenspiel seine ehrlosen Absichten andeutete, habe ich, die ja nur Euch liebt, nichts davon verstanden; aber nun, da er es wagte, sich in beschämenden Worten unzweideutig zu erklären, konnte ich nicht mehr an mich halten und antwortete ihm, wie es mein Stand und meine Ehre erforderten. Ich hasse den Verwegenen und will ihn nicht mehr sehen, und das ist der Grund, weshalb ich in meinen Räumen blieb und mich der Freude des Beisammenseins mit Euch entzog. Nun kennt Ihr die Ursache meines Schmerzes, und ich bitte Euch zu veranlassen, was Euch Eure und meine Ehre gebieten!"

Der Fürst, der den Ritter gleich seiner Frau ins Herz geschlossen und dessen Treue schon oft erprobt hatte, war in arger Verlegenheit. Zornerfüllt ließ er dem Edelmann sagen, er möge sich nicht vor ihm blicken lassen und bis auf weiteres in seinem Zimmer bleiben.

Der Ritter war durch diesen Befehl aufs schmerzlichste betroffen, um so mehr, als er sich keines Vergehens bewußt war; seiner Schuldlosigkeit sicher, sandte er einen seiner Freunde mit einem Brief zum Herzog, worin er bat, mit seinem Urteil so lange zu warten, bis er ihn gesprochen habe und erfahren werde, daß er sich in keiner Weise gegen ihn vergangen habe.

Als der Herzog den Brief gelesen hatte, ließ er den Ritter heimlich zu sich kommen und fuhr ihn voll Heftigkeit an: „Ich hätte nie geglaubt, daß sich meine Befriedigung, Euch wie mein eigenes Kind erzogen zu haben, in Reue verwandeln würde. Ihr habt nach dem getrachtet, was mir teurer als mein Leben und unersetzlicher als alle meine Güter ist, indem Ihr die Ehre meines Hauses und meines Geschlechts besudeln wollt! Eure Anklägerin ist meine Frau selbst, die mich beschwor, sie zu rächen, und hätte ich nicht noch einige Zweifel, wärt Ihr nicht mehr am Leben!"

Der Edelmann, den die Schlechtigkeit der pflichtvergessenen Frau empörte, die er trotzdem nicht anklagen wollte, entgegnete dem Herzog: „Mein edler Wohltäter, Eure Frau mag sagen, was ihr beliebt; Ihr müßt sie besser kennen als ich. Ihr wißt ja, daß ich sie niemals gesehen habe als in Eurer Gegenwart, bis auf ein einziges Mal, wo sie sehr wenig mit mir sprach. Überdies werdet Ihr mir zugestehen, daß Ihr niemals etwas von mir gesehen habt, das einen solchen Verdacht rechtfertigen könnte. Darum beschwöre ich Euch, glaubt mir zwei Dinge: Erstens, daß ich Euch so ergeben bin, daß selbst, wenn Eure Gemahlin das schönste Geschöpf auf Erden wäre, nichts auf der Welt imstande wäre, meine Ehre und Treue zu beflecken; und zweitens, ich sie, wenn sie auch nicht Eure Gattin wäre, nicht lieben würde, da es viele andere gibt, die ich vorzöge."

Der Herzog, dem die Antwort des Ritters der Wahrheit zu entsprechen schien, besänftigte sich und erwiderte: „Offen gestanden, kann ich die Sache auch nicht recht glauben. Fahrt deshalb in Euren Beschäftigungen fort, und wenn ich die Gewißheit erlange, daß Ihr die Wahrheit gesagt habt, werde ich Euch mehr als je zugetan sein; ist es hingegen nicht die Wahrheit, die Ihr mir gesagt habt, dann ist Euer Leben in meiner Hand!"

Darauf sagte der Edelmann, er unterwerfe sich jeder Strafe, wenn er sich je etwas zuschulden kommen ließe.

Als die Herzogin am selben Abend den Edelmann bei Tisch sah, sagte sie voll Zorn zu ihrem Mann:

„Es würde Euch recht geschehen, wenn Ihr vergiftet würdet, da Ihr zu Euren Todfeinden mehr Vertrauen habt als zu Euren Freunden!"

Der Herzog entgegnete ihr: „Macht Euch hierüber keine Sorgen, meine Liebste; wenn ich sehe, daß die Geschichte, die Ihr mir erzählt habt, auf Wahrheit beruht, soll er keine vierundzwanzig Stunden länger am Leben bleiben; doch hat er mir so wahrhaftig das Gegenteil beschworen, daß ich es nicht ohne ernsthafte Beweise glauben kann."

Darauf sprach sie zum Herzog: „Wahrhaftig, Eure Güte macht seine Schlechtigkeit noch größer. Liegt nicht schon darin der Beweis, daß ein Mann wie er keine Liebschaft am Hof hat? Wenn ihm der verwegene Plan, mein Ritter zu sein, nicht im Kopf spukte, würde er nicht so einsam leben und hätte längst schon eine Geliebte — dies allein beweist schon seine Absichten; da Ihr jedoch glaubt, daß er Euch nichts verheimlicht, laßt ihn schwören, daß er keine Liebe hat; gesteht er Euch aber, daß er eine andere liebt, will ich mich damit zufriedengeben; wenn er dagegen nichts eingesteht, müßt Ihr finden, daß ich Euch die Wahrheit berichtet habe."

Da der Herzog diese Reden für richtig ansah, wandte er sich an den Edelmann und sagte zu ihm: „Meine Gattin besteht auf ihrer Anklage gegen Euch und hat mir Gründe angeführt, die meinen Verdacht gegen Euch wieder erwachen lassen. Darum sagt mir, warum Ihr, so jung und vielbegehrt, noch niemanden liebt? Deshalb hat ihre Behauptung viel Wahrscheinlichkeit. Ich bitte Euch deshalb als Freund und befehle Euch als Gebieter, mir zu sagen, ob Ihr eine Dame liebt oder nicht."

Da nun der Edelmann eine geheime Liebe für die Nichte des Fürsten, die verwitwet war, empfand, aber sie nicht bloßstellen wollte, war er in arger Verlegenheit, da er seine Aussage beschwören mußte.

Nach einigem Zögern gestand der Edelmann dem Herzog seine tiefe Liebe zu einer Dame, die durch Schönheit und Herzensgüte alle anderen Damen am Hof überrage, verschwieg jedoch deren Namen und bat den Herzog um die Gunst, sie nicht nennen zu müssen, denn ihre Verbindung sei derart, daß sie nur durch den Verrat eines der beiden bekannt werden könne, und dann wäre alles zu Ende.

Der Herzog war von dieser Auskunft befriedigt und versprach dem Ritter, nie wieder nach diesen Dingen zu fragen.

Als die Herzogin sah, daß das Verhältnis zwischen dem Fürsten und dem Edelmann in herzlichster Weise fortbestand, beschloß sie durch List zu erfahren, warum ihr Gatte dem Ritter seine Zuneigung bewahrt hatte. Sie verstand es durch ungewöhnliche List zu erreichen, daß ihr der Herzog das Geständnis des Ritters anvertraute. Jetzt gesellte sich die wütendste Eifersucht zu ihrem Rachedurst, und sie drang in den Fürsten, dem Edelmann zu befehlen, ihm den Namen seiner Geliebten zu nennen; denn diese Geheimnistuerei bestätige ihre Anklage gegen den Edelmann ganz eindeutig. Wenn ihm derselbe seine Schöne nicht nennen wolle, so sei dies die Bekräftigung ihrer Anklage, und er wäre der dümmste Mann in seinem Land, wenn er sich mit dieser Erklärung zufriedengäbe.

Der arme Herzog, ganz unter dem Einfluß der Fürstin, versprach ihr, von dem Edelmann den Namen seiner Geliebten zu verlangen.

Bei der nächsten Begegnung mit dem Ritter nahm er ihn beiseite und sagte zu ihm: „Ich bin unruhiger als je, da mich die Unterlassung der Namensnennung Eurer Geliebten in der Meinung bestärkt, daß es sich dabei um meine Frau handle — ich fordere Euch daher auf, mir den Namen Eurer Geliebten zu nennen!"

Der arme Ritter beschwor den Fürsten, ihn nicht zu einem solchen Vertrauensbruch zu zwingen und ihn das gegebene Wort, das er schon sieben Jahre hochhielte, nicht brechen zu lassen; lieber wolle er sterben, als dies zu tun.

Als der Herzog dies hörte, sah er darin die Bestätigung der Anklage seiner Frau und forderte wütend den Namen der Geliebten, indem er ausrief: „Ihr habt von zwei Dingen eins zu wählen: Entweder Ihr nennt mir den Namen Eurer Geliebten, oder Ihr verlaßt dieses Land und seid dem Tod geweiht, wenn Ihr es je wieder betretet!"

Vor dieser grausamen Drohung fielen alle Bedenken des Ritters, und da er auf die Großmut des Herzogs vertraute, beschloß er, ihm den Namen jener anzuvertrauen, die er über alles liebte.

Kalter Schweiß bedeckte seine Stirn, er sank aufs Knie und sagte: „Mein Fürst und Wohltäter, nicht die Furcht vor dem Tod, sondern die Dankbarkeit und meine Liebe zu Euch veranlassen mich, Euch den für mich heiligen Namen zu nennen; außerdem sehe ich Euch in falschem Verdacht gegen mich. Dies alles macht meinem Schwanken ein Ende, und um Euch von einem großen Leid zu befreien, will ich das tun, was keine Folter von mir erzwungen hätte; doch bitte ich Euch, mein hoher Herr, mir mit Eurem hohen Eid zu schwören, daß Ihr niemals und niemandem das Geheimnis verraten wollt, das Ihr von mir erzwungen habt!"

Der Herzog schwur mit heiligem Eid, nie etwas von dem ihm anvertrauten Geheimnis zu verraten.

Der Edelmann, der durch den Eid des Herzogs beruhigt war, begann nun seine Beichte folgendermaßen: „Es sind nun fast sieben Jahre her, daß ich, mein hoher Herr, Eure Frau Nichte, die Witwe und frei war, kennen- und liebenlernte. Ich bewarb mich um ihre Gunst; da ich von bescheidener Herkunft bin, konnte ich auf ihre Hand nicht zählen und begnügte mich mit ihrer Einwilligung, ihr Ritter zu sein. Unser Geheimnis wurde streng gehütet und durch Gottes Fügung nie verraten. Jetzt lege ich mein Leben und mein Glück in Eure Hand, mein Fürst, und bitte Euch, unser Geheimnis zu bewahren und Eure Nichte deshalb nicht weniger zu achten und zu lieben; denn ich schwöre Euch, es gibt auf Erden kein vollkommeneres und reineres Geschöpf als sie."

Nach diesem überraschenden Geständnis war der

Herzog von einer großen Sorge befreit und glücklich, daß seine Frau aus dem Spiel war. Er kannte die Schönheit und Liebenswürdigkeit seiner Nichte und wußte auch, daß sie seine Frau an allen Tugenden weitaus überragte. Er bat darauf den Edelmann, ihm anzuvertrauen, auf welche Weise er sie sehe, da sie doch mit ihren Frauen in ihrem Schloß sei. Der Ritter vertraute ihm auch dieses Geheimnis. Er sagte ihm, daß er sie sehr oft sehe; das Zimmer seiner Nichte ginge nach dem Garten hinaus; an den Tagen, da er sie besuche, ließe sie eine kleine Tür offen — wenn er dort erscheine, belle ihr kleiner Hund, und dies zeige der Herrin seine Anwesenheit an. Er bleibe dann die ganze Nacht bei ihr und bestimme beim Fortgehen den Tag und die Stunde, wann er wiederzukommen gedenke, was er bis jetzt ohne Hindernis geschafft habe.

Der Herzog hörte sich alles mit großem Interesse an; da er sehr neugierig war und auch in seiner Jugend nicht wenig geliebt hatte, bat er den Ritter, ihn das nächstemal mitzunehmen, um die Glaubwürdigkeit der Sache zu prüfen und ganz überzeugt zu sein. Der Edelmann, der nun schon so weit gegangen war, wollte ihm die Erfüllung seines Wunsches nicht abschlagen und gewährte ihm diese Bitte.

Am übernächsten Abend schon wurde dies durchgeführt; sie ritten beide bei Anbruch der Nacht zum Schloß der Dame. Dort angekommen, banden sie ihre Pferde an den Gartenzaun und traten unbemerkt durch die offengebliebene Pforte in den Garten. Der Ritter bat nun den Herzog, unter einen alten Nußbaum zu treten, von wo aus er alles beobachten könnte, ohne gesehen zu werden.

Als sich der Edelmann weiter näherte, begann der kleine Hund zu bellen. Unmittelbar darauf erschien die Nichte des Herzogs, umarmte den Ritter und meinte, daß es ihr wie tausend Jahre vorgekommen sei, seit sie ihn zuletzt gesehen habe. Hierauf gingen beide ins Schloß; der Herzog folgte ihnen ungesehen, da kein

Licht angezündet wurde, und hörte all die Liebesworte des Paares.

Nach einiger Zeit sagte der Edelmann zu seiner Dame, er könne diesmal nicht lange verweilen, da er zur Jagd des Herzogs, die um vier Uhr morgens beginne, zurückkehren müsse. Die Dame wollte ihn von seinen Pflichten nicht abhalten, und so schied der Ritter von ihr, indem er eine baldige Wiederkehr versprach.

Er fand den Herzog unter dem Baum wieder, und beide kehrten dorthin zurück, woher sie gekommen waren.

Der Herzog war sehr befriedigt und schwor dem Edelmann wiederholt, das ihm enthüllte Geheimnis strengstens zu wahren; und von dieser Stunde an stand niemand in höherer Gunst beim Herzog als der Edelmann.

Als dies die Fürstin wahrnahm, geriet sie in die heftigste Wut und Verzweiflung.

Sie schürte beim Herzog, doch er verbot ihr, je wieder über diese Angelegenheit mit ihm zu sprechen, da er jetzt die Wahrheit wisse und die Dame kenne, die der Edelmann liebe; diese sei besser und liebenswerter als sie.

Diese Worte entfachten ihre Wut in solchem Maß, daß sie krank wurde und ernstlich litt. Der Herzog tröstete sie, doch hielt er trotz ihres Drängens das Geheimnis des Ritters bewahrt. Doch sie wurde kränker und machte dem Herzog das Leben immer unerträglicher, so daß der Herzog eines Tages zu ihr sagte:

„Wenn Ihr mich weiter so quält, werden wir uns trennen müssen."

Diese Worte verschlimmerten den Zustand der Herzogin, die ihrer baldigen Entbindung entgegensah. Der Herzog, um sein Kind besorgt, verbrachte die folgende Nacht bei ihr; dies paßte der Listigen, und als sie ihn in der Nacht verliebter als je sah, verweigerte sie ihm den verlangten Liebesbeweis, drehte sich im Bett auf die andere Seite, weinte und rief ihm schluchzend zu:

„Ihr liebt weder Eure Frau noch das Kind, das ich Euch schenken werde — deshalb möchte ich sterben!"

Er war von diesen Worten ebenso erschreckt wie gerührt, nahm sie in seine Arme und forderte sie auf, ihm zu sagen, was sie denn wolle; es gebe nichts auf Erden, was er nicht für sie zu tun bereit wäre.

Als sie sah, daß er ihr ins Netz ging, entgegnete sie unter Tränen:

„Wie kann ich das glauben, wenn Ihr doch das einfachste nicht für mich tun wollt, nämlich mir den Namen der Geliebten des schlechtesten Dieners, den Ihr je hattet, zu nennen. Ihr behandelt mich wie eine Fremde, da Ihr mir kein Geheimnis, nicht einmal diesen geringfügigen Liebeshandel, anvertrauen wollt. Wenn Ihr auch geschworen hättet, dieses Geheimnis zu bewahren, so würdet Ihr Eurer Ehre nichts vergeben, wenn Ihr mir es anvertraut; denn bin ich nicht Euer zweites Ich? Ich halte Euch in meinen Armen, trage ein Kind von Euch unter meinem Herzen, und trotzdem besitze ich Euer Vertrauen nicht!"

Während die Falsche dies schluchzend sagte, hielt sie ihn in ihren Armen und küßte ihn leidenschaftlich. Der Herzog wurde weich, und in der Furcht, Frau und Kind zu verlieren, versprach er, ihr alles zu sagen — schwor aber, daß sie, wenn sie das Geheimnis verriete, von seiner Hand sterben würde. Und nun erzählte ihr der arme, betrogene Mann alles, was er von dem Edelmann wußte und gesehen hatte.

Sie spielte die Komödie weiter, tat so, als freuten sie diese Mitteilungen und vertrieben ihren Ärger; doch in Wahrheit fühlte sie den Sturm der Eifersucht heftiger als je in ihrem Herzen toben.

Als bald darauf bei einem Fest, das der Herzog gab, seine Nichte, unvergleichlich schön und viel bewundert, am Hof erschien, litt die Herzogin die furchtbarsten Qualen der Eifersucht, und der Zorn überwältigte sie — sie konnte dem Drang, ihrer Rache freien Lauf zu lassen, nicht mehr widerstehen. Als sie alle Damen um sich versammelt sah, schritt sie zur Ausführung ihres teuflischen Plans. Sie begann über die Liebe der Frauen zu sprechen, und als sie sah, daß sich ihre Nichte von diesem Gespräch fernhielt, rief sie ihr mit von Eifersucht gefoltertem Herzen zu: „Und Ihr, schöne Nichte, ist es möglich, daß Ihr bei Eurem Liebreiz ohne Freund geblieben seid?"

„Madame", entgegnete diese betroffen, „mein Liebreiz hat mir noch keinen solchen Gewinn gebracht, denn seit dem Tod meines Mannes gedachte ich nur seines Andenkens und seiner Kinder . . ."

„Schöne Nichte", erwiderte darauf die Herzogin mit Schlangenblick, „es gibt keine heimliche Liebe, die unerkannt bleibt, und auch keinen kleinen Hund, dessen Bellen man nicht vernähme!"

Man vermag sich den Eindruck, den diese giftigen Worte auf die arme, derart beschimpfte Frau hervorbrachten, kaum vorzustellen. Die so grausam verratene Ehre schmerzte sie ebensosehr wie der Verdacht, daß ihr Freund sein Gelübde gebrochen habe; der Gedanke, daß er dies getan hatte, weil er eine andere liebhatte, schlich sich in ihr grausam verwundetes Herz ein. Sie hatte noch den Mut und die Geistesgegenwart, der Herzogin zu antworten, daß sie die Sprache der Tiere nicht verstände. Dann wankte sie aus dem Saal und brach im nächsten Zimmer ohnmächtig zusammen.

Der Fürst, der ihr totenbleich gefolgt war, sah sie zusammenbrechen und hörte, wie sie ihren Geliebten und die Herzogin mit herzzerreißender Stimme des verübten Verrats anklagte; dann sank sie schluchzend zu Boden, ihr Gesicht wurde erdfahl, ihre Lippen entfärbten sich, und ihre Glieder wurden steif und kalt.

Der Edelmann, der sie gesucht hatte, fand sie sterbend; er suchte sie aufzurichten und rief ihr verzweifelt zu: „Willst du denn sterben, Geliebte?"

Als sie die geliebte Stimme hörte, öffnete sie die gebrochenen Augen, sah den Verzweifelnden vorwurfsvoll an und gab, von Schmerz überwältigt, ihren Geist auf.

Der Herzog, der um Hilfe geeilt war, kam ins Gemach zurück, und als er seiner Stimme wieder mächtig war, berichtete er dem Ritter, was sich ereignet hatte. Der Unglückliche hörte entsetzt und sprachlos dem Herzog zu; dann neigte er sich über die Leiche der Geliebten, sah ihr lange und voll Gram ins Antlitz und stieß sich, noch bevor der Herzog dies verhindern konnte, den Dolch in die Brust, indem er rief:

„Ich wasche mit meinen Tränen dein Antlitz, Geliebte, und verlange deine Verzeihung, indem ich durch meine Hand sterbe, um mit dir im Tod vereint zu sein!"

Dann nahm er im Todeskampf den Leichnam der Geliebten in die Arme. Der Herzog wollte den Edelmann noch retten, und ihn an sich ziehend, rief er verzweifelt:

„Mein Gott, bin ich es, der schuldig an diesem Unglück ist?"

Darauf sagte der Sterbende mit erlöschender Stimme: „Ja, Eure Zunge und die meine tragen alle Schuld!" Nach diesem Ausruf klammerte er sich an die geliebte Tote und hauchte seinen Atem aus.

Der Herzog warf sich an die Brust des toten Ritters, bat ihn um Verzeihung und küßte dann beide Tote. Darauf zog er den Dolch aus der Wunde des Edelmanns, sprang wie ein verwundeter Tiger auf und stürzte in das Zimmer seiner Frau. Dort fand er sie nicht; die Unglückliche tanzte noch im Saal und strahlte vor Genugtuung, sich gerächt zu haben. Als sie der Herzog in ihrem Triumph erblickte, riß er sie mitten aus dem Tanz heraus und rief ihr zu: „Ihr habt das Geheimnis, das ich Euch anvertraute, mit Eurem Leben verbürgt. Ihr habt es schmählich verraten, dafür falle die Strafe auf Euch!" Indem er diese Worte ausstieß, faßte er sie bei den Haaren und stieß ihr den Dolch des Edelmannes in die Kehle.

Dann rief er all seine Ritter und berichtete ihnen den Hergang dieses schrecklichen Ereignisses. Er befahl, daß seine Frau in der Abtei begraben werde, die er gründete; dort ließ er auch den treuen Ritter und seine Nichte vereint bestatten. Ihre rührende Geschichte wurde in Marmor verewigt.

Er selbst zog gegen die Türken, und als er unversehrt heimkehrte, ging er, da er kinderlos geblieben war, in die Abtei, die er gegründet hatte, wo seine Frau und die beiden Liebenden ruhten; er wurde Mönch und verbrachte den Rest seines Lebens in Anbetung des Ewigen.